· 普通高等教育“十二五”规划教材
· 高职高专汽车类专业任务驱动、项目导向系列化教材

汽车美容装饰

主　编　向志渊　房　莹
副主编　王　春　覃维献
参　编　汪　钦　孔凡朗　陈华松　唐　剑
主　审　王　忠

国防工业出版社
·北京·

内 容 简 介

为了适应项目化教学，全书采用了任务驱动的编写模式，对汽车美容装饰中六个项目，即汽车内外部清洁与保养，汽车装潢电器安装与调试，汽车音响的升级与改装，汽车饰品装饰培训，汽车太阳膜贴装，汽车内饰翻新与改装，进行科学编排，在相关知识部分加强理论基础，在任务实施部分突出技能操作，并配有大量的操作图片，实用性、可操作性非常强，在每个项目后都有思考和练习题，引导学生思考在任务实施中的技术要点和注意事项。

本书既适合作为高职高专院校汽车服务类专业的教科书，也可供汽车美容装饰从业人员作为技术参考书。

图书在版编目（CIP）数据

汽车美容装饰 / 向志渊，房莹主编. —北京：国防工业出版社，2011.8

高职高专汽车类专业任务驱动、项目导向系列化教材

ISBN 978-7-118-07586-1

Ⅰ.①汽… Ⅱ.①向… ②房… Ⅲ.①汽车－车辆保养－高等职业教育－教材 Ⅳ.①U472

中国版本图书馆 CIP 数据核字(2011)第 159905 号

※

国防工業出版社 出版发行

（北京市海淀区紫竹院南路 23 号 邮政编码 100048）

北京奥鑫印刷厂印刷

新华书店经售

*

开本 787×1092 1/16 印张 10¾ 字数 241 千字

2011 年 8 月第 1 版第 1 次印刷 印数 1—4000 册 **定价 20.00 元**

（本书如有印装错误，我社负责调换）

国防书店：(010)68428422 发行邮购：(010)68414474

发行传真：(010)68411535 发行业务：(010)68472764

普通高等教育“十二五”规划教材
高职高专汽车类专业任务驱动、项目导向系列化教材
编审委员会

顾　问　李东江

主　审　杨益明（南京交通职业技术学院）

主　任　文爱民（南京交通职业技术学院）　宋延东（南京工业职业技术学院）

副主任　陈林山（南京交通职业技术学院）　何宇漾（江苏信息职业技术学院）
龚文资（无锡商业职业技术学院）　代　洪（徐州工业职业技术学院）
柳青松（扬州工业职业技术学院）　张友宏（扬州市职业大学）
沈恒旸（镇江高等专科学校）　周同根（常州机电职业技术学院）
皮连根（常州工程职业技术学院）　汪东明（淮安信息职业技术学院）
夏令伟（无锡南洋职业技术学院）　赵家文（金肯职业技术学院）
向志渊（钟山职业技术学院）　汪　洋（正德职业技术学院）

委　员　陈帮陆　陈锦华　陈俊武　陈华松　陈　平　陈生枝　陈　勇
程丽群　蔡彭骑　丁继斌　丁士清　范　健　房　莹　甘秀芹
郭　彬　郭兆松　郭伟东　韩　媛　韩　星　胡　俊　胡文娟
黄建民　黄秋平　荆旭龙　蒋浩丰　焦红兰　季　刚　李贵炎
李　宁　孔凡朗　刘　静　刘凤波　刘奕贵　卢　华　毛伟波
冒海滨　倪晋尚　邱　平　沙　颂　桑永福　沈南瑾　沈威东
施　颖　孙宏侠　覃维献　滕鸣凤　唐　剑　唐志桥　屠卫星
汪　钦　王　春　王东良　王　忠　王　斌　王美娟　魏世康
吴海丰　谢　剑　谢永东　徐　东　许红军　许新东　杨迎春
杨忠颇　游心仁　袁红军　于　瑞　赵　彬　曾庆业　邹晓波

前　言

随着中国汽车市场的蓬勃发展，汽车的产销量和保有量不断提高，至 2010 年，中国已经赶超美国成为全球最大的汽车市场。随着家用轿车普及率的上升，汽车后服务市场也随之发展起来，急需汽车服务类的高技能人才，来充实和加强一线服务力量。汽车美容装饰行业属于汽车后服务行业，它随着世界汽车美容装饰产品的升级换代，不断扩展服务项目、提升技术内涵。我国汽车美容装饰职业教育源于 20 世纪 90 年代，起步比较晚，早期以“师傅带徒弟”的方式来培训技术力量。近几年来，高职类汽车职业教育发展很快，大家都认识到该行业的重要性，在专业设置和课程体系中增加了汽车美容装饰专业或开设了对应课程。钟山职业技术学院机电与汽车工程系于 2006 年与晶秀车汽车服务有限公司开展校企合作，开展了汽车美容装饰课程共建，以模块化项目化教学为特色，以理论知识为基础，重点立足于学生的技能训练。项目指导教师在学生训练中帮助和引导学生总结施工经验，在反复练习中进一步理解施工工艺的内涵，提高动手施工能力，同时和该企业开展大学生创业计划，帮助一些学生在毕业后成功创业。通过这几年的校企合作以及工学结合，积累了丰富的教学经验。

2010 年受邀于国防工业出版社，参加了“十二五”规划教材的编写工作。本书以项目教学法组织教学内容，分为六大类，28 个任务，有机地组成了知识体系。以【相关知识】为理论基础，突出【任务实施】中各操作步骤和技术要领，图文结合，深入浅出，内容言简意赅，要点明确，突出了项目化和模块化教学。

本书由钟山职业技术学院向志渊、房莹任主编，钟山职业技术学院王春、桂林航天工业高等专科学校覃维献任副主编，特邀晶秀车汽车服务有限公司总经理王忠为主审，参与编写的有汪钦、孔凡朗、陈华松、唐剑等。在本书的编写过程中还得到了钟山汽车技术职业培训学校校长王艳提供的技术支持，特此表示感谢。因编写人员水平有限，书中错漏和不当之处在所难免，还望专家和读者批评指正。

编　者

2011.7

目 录

项目一

汽车内、外部清洁与保养

【项目描述】

汽车车身工作环境复杂，不但要经受日晒雨淋、石击、冰雪、严寒及炎暑等多变环境条件的影响，同时在行驶中有时会接触化学药品、酸、碱及盐等腐蚀性物质，更容易使车身表面被碰撞划伤，材料老化，甚至是腐蚀。一般外表脏污的汽车，不仅破坏了汽车的美观，影响观者的心情，而且也直接影响了乘客乘坐的舒适性和健康。尘土和泥水粘附在汽车的前照灯、后视镜或风窗玻璃上，还会影响汽车行驶的安全性。所以，汽车车身要定期进行专业清洗和保养，保持车辆的外观清洁，延长车辆的使用寿命，提高汽车驾驶安全性。同时，汽车美容装饰是汽车产品的一项技术指标，也被当作车辆年检中技术要求项目之一。

【知识目标】

（1）认识专业汽车清洗的必要性。

（2）熟悉专业汽车清洗的作业项目。

（3）正确识别和合理选用汽车清洗用品。

【技能目标】

（1）掌握专业汽车内、外部清洗的方法。

（2）掌握专业汽车保养的基本方法。

（3）根据不同的车辆制定合适的施工方法，并能熟练操作。

任务一　汽车车身清洗

【任务描述】

汽车车身清洗听起来简单，甚至有些人认为就是洗车，“一桶水、一把刷子、一条毛巾”就可以完成，其实这种想法是错误的。汽车车身就像人的皮肤一样，光用水冲洗一下是远远不够的，要想保持汽车各方面的性能，就必须对其进行专业的清洗和保养。

【任务分析】

汽车车身清洗是漆面保养的最基本作业。现代汽车所使用的烤漆型面漆可以为车身提供光亮度极高的保护面。但是漆质再硬、漆膜再厚，外界环境对漆面造成的不良影响总会存在。如果不及时进行护理，就会在车漆表面产生极难处理的印痕。汽车在行驶过程中会逐步沉积灰尘和污垢，及时而正确地洗车可以使漆面得到最基本的保护，减少外界有害物质的侵蚀。

【相关知识】

一、汽车车身表面污染

1．车身表面污染物的形成

汽车车身表面的污染物主要是由尘土和泥水引起的。一些泥沙和油污也容易溅洒到车身上，如果它们再粘附一些尘土和污物，就会使车身变得越来越脏。尘埃粘附过程大体可分为三个阶段：尘土扩散、传播和颗粒分离。污染程度以每平方厘米面积上的污秽物毫克数来量度。

2．车身表面污垢

车身表面的污垢包括外部沉积物、附着物、水渍、锈蚀和其他污物。它们往往具有很高的附着力，牢固地附着在零件的表面。由于这些污垢各有自己不同的性质，因此清洗它们的难易程度也不同。

1）外部沉积物

外部沉积物，可以分为尘埃沉积物和油腻沉积物。大气中含有一定数量的尘埃，在运动着的车辆附近，当尘埃的颗粒度为5mm～30mm时，其含量就会达到0.05g / m^3左右。当尘埃颗粒的含量增加时，它在金属表面的凝聚和沉积也会加快。在潮湿的空气中，由于吸附在汽车表面的水膜会提高尘粒间的附着力，从而使尘粒加速凝聚。尘粒附着在汽车表面上的牢固程度主要取决于表面的清洁程度、尘粒的大小和空气的湿度。油腻沉积物是由于污泥和尘埃落到被机油污染的零件上而形成的，也可能相反，是由于润滑油落到了被污泥所污染的表面上，此时润滑油浸透了污泥并附着在车身表面。

2）附着物

汽车在行驶中，容易沾上不同的附着物，如柏油、沥青、鸟粪及虫尸等。这些附着物能牢固地粘在车身表面，一般很难用水清洗干净，要用有机溶剂去除清洗。并且，这些附着物在车漆表面停留时间过长会侵蚀到油漆的内部，甚至会对车身的基材造成损害，所以遇到这些附着物一定要及时清除。

3）水垢

由于落到汽车表面的水滴中还含有颜料、化学溶剂等会损坏漆面的物质，时间长了水分蒸发后，就会在车身上形成很难去掉的水垢。有些水垢甚至会浸透到油漆内，损伤车身钢板。若车身打蜡过度，或蜡的质量不好，融化后也会形成难以去除的水垢。

4）锈蚀

汽车锈蚀主要发生在车身的钢铁部件上。在汽车底盘很难接触到的部位堆积含盐分、灰尘和湿气等物质，因轻微意外或碎石碰撞而划破表面烤漆防护层，以致造成锈蚀。在沿海地区空气中含有盐分，工业污染区的灰尘中含有化学物质，会加速锈蚀，尤以温度刚高于冰点为最。若车子某部分长期潮湿，尽管其他部分保持干燥，亦可能生锈。

5）其他污染物

物体因为相互刮碰而附着的污染物，与上面所讲的几种附着物不同，它可能会对车身的涂层和基材造成损害。很多时候人们会认为是汽车本身受到了损害，就要到维修站进行油漆修补，这样维修的费用会非常高，并且会耗费很长时间。有经验的美容技师会很容易地将这种损害处理掉。但是由于车身表面已经有了机械碰撞，所以美容处理也仅仅是外表看不出来罢了。

二、汽车清洗注意事项

1. 注意水质

在汽车清洗作业中，水源的质量往往容易被忽视，用质地较差的水清洗车身表面，不但不能起到清洁的作用，相反还会对汽车漆面造成损害。洗车作业用水要求清洁无污染，严禁使用未经过滤或受污染的水源，以免影响清洗效果，或对汽车外表产生损伤。但在通常情况下，只要使用自来水或符合标准的循环水就基本符合要求。

根据可持续发展的战略，为了节约城市用水，在用水清洗车辆时必须配置循环水设备，但使用循环水设备之后，水的质量将直接关系到汽车的清洗质量。因此，为了真正能使洗车污水经处理后达到可循环再使用的程度，关键要解决处理后的水质标准问题。

首先，对于汽车清洗，尤其是采用高压水清洗汽车时，对车身危害最大的是水中的固体悬浮物。水中固体悬浮物在高压力的夹带下，会对汽车涂面造成一定的损伤。其次，如果水中的矿物油含量过多，也将对汽车造成污染。再次，为了防止对车体的腐蚀，水源的pH值应保持在6～8之间。另外，从保护人体健康的角度出发，水中细菌的总数也应当控制在一定的范围之内。最后，就是色度、臭味这些水感指标，也要求不能使人有不快感。为此，在国家标准《城市污水再生利用城市杂用水水质》（GB / 18920—2002）中对洗车用水的水质标准做了详细规定。应当说，经处理后的污水只要符合国家标准，就完全能放心地用于清洗车辆。

2. 注意洗车液

严格来说，使用的清洗用品应为中性，也就是pH值为7，或者稍偏碱性。因为中性的洗车液不但能保护车身涂层，还不会损伤从业人员的皮肤。车身污染大部分都有酸性，所以洗车液可以稍显碱性。目前，有些从业人员仍在使用洗衣粉等生活或工业用洗涤剂洗车。轻者会使涂面失去原有光泽，重者汽车涂面会被严重腐蚀，局部产生色差、干裂，还会加速局部涂层脱落部位的金属腐蚀。

3．注意擦洗用品

擦洗时，应根据擦洗部位的不同来选用不同的擦洗材料，当清洁车身涂面时，应该使用干净柔软的毛巾或麂皮，切不可使用硬质的清洁工具，以免在汽车涂面留下擦伤痕迹。擦洗车身下部裙边和轮胎等部位的工具及水桶要专用。各个不同部位的擦洗用品不得混用。许多人洗车喜欢用一些旧毛巾或劣质毛巾，殊不知旧毛巾和劣质毛巾上的纤维容易脱落，有的劣质毛巾由于过薄，针织密度很小，也容易损伤涂面。此外，这些毛巾晒干后会变得很硬，用来擦车也会造成汽车涂面划痕。

4．注意工作环境

不要在阳光照射下洗车，有些不规范的洗车店由于场地的限制，到了夏季直接在烈日下洗车，而且根本不等待发动机冷却。在这种情况下进行汽车清洗作业时，车身上的水分会很快蒸发，此时，车身上原来的水滴会留下许多斑点，影响清洗效果。由于夏季环境温度本身很高，再加上汽车在行驶后发动机温度更高，此时直接洗车会使汽车发动机提前老化。

此外，在烈日下洗车，还会产生透镜效应。透镜效应是指当汽车涂面上存有小水滴时，由于水滴呈扁平凸透镜状，在阳光的照射下，这些小小的水滴对日光有聚焦作用，焦点处的温度会高达 800℃～1000℃，从而导致汽车涂面被灼蚀，出现肉眼看不见的小孔洞，这些小孔洞有的还会深达金属基材。当汽车涂面由于透镜效应被灼伤，或灼伤的范围较大时，一些分布密度较高的汽车涂面就会出现严重的失光现象。所以，在夏季洗车打蜡一定要在有遮蔽的环境下进行。

此外，进入冬季，不要在寒冷的环境中洗车，以防水滴在车身上结冰，造成涂层破裂。在北方严寒季节洗车应在室内进行，车辆进入工位后，先停留 5min～10min，然后冲洗。

5．注意洗车的时机

1）依据天气判断

（1）连续晴天　可以用鸡毛掸子清除车身上的灰尘，再用湿毛巾或湿布擦拭前后风挡玻璃及车窗与两旁的后视镜。一般先清除车顶的灰尘，再清除前后风挡玻璃、左右车窗、车门的灰尘，最后清除发动机盖及后备厢盖的灰尘。如果一直是这种天气，大约一周做一次全车清洗即可。

（2）连续雨天　用清水先将全车喷洒，使车身上的污物掉落。因为还会再下雨，接下来用湿毛巾或湿布擦拭全车所有的玻璃。待天气晴朗之后，再进行全车清洗。

（3）忽晴忽雨　如果遇到这种天气变化，应当经常清洗全车。

2）依据行驶的路况判断

（1）行驶在工地或行经工地　行驶在工地或行经工地时，一般汽车车身都会被工地的污泥溅洒，尤其是工地上的水泥容易溅起。汽车车身被溅洒时应立即使用清水清洗，以免附着时间长了伤及漆面。

（2）行驶在海岸有露水或有雾区　汽车行驶在海岸有露水或有雾区时，因海水盐分重且露水、雾气湿重，必须用清水彻底清洗，不然容易使车身钣金件遭受盐分侵蚀。

(3) 行驶在山区有露水或有雾区　汽车行驶在山区有露水或有雾区时，只要在停车后，使用湿毛巾或湿布擦拭即可。

3）特殊情形

如停在工地旁受工程所造成的水泥粉波及，或行驶中受施工单位粉刷天桥、路灯的油漆波及，或行驶中受道路维修工程的沥青波及，或行驶中受前方载运污泥车所掉落的污泥波及，除应立即用清水清洗外，对油漆、焦油类的清洗应在打蜡中进行。

三、汽车车身清洗设备和用品

1. 清洗设备

1）洗车机

如图 1-1-1 所示，洗车机能产生高压水流，冲掉车身表面和缝隙中的沙粒及灰尘，是车身清洗操作的必备设备之一。有些高档的洗车机还带有自加热功能，依靠燃烧柴油等燃料将水加热，在冬季洗车时能产生温水，提高清洗效果。

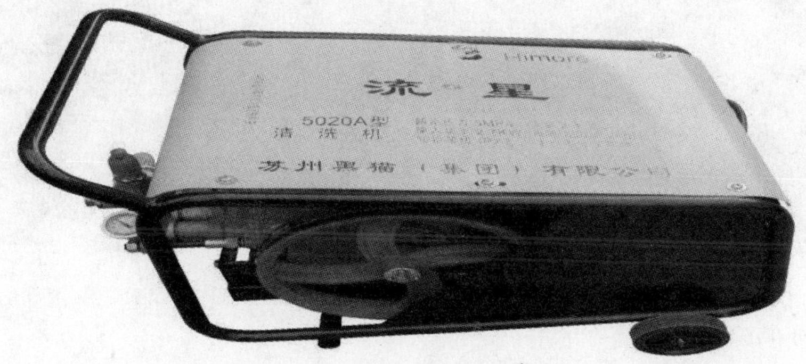

图 1-1-1　洗车机外观示意图

2）泡沫机

如图 1-1-2 所示，将清洗液和水按比例加入泡沫机中，利用压缩空气将混合液以泡沫形式吹出，均匀地喷洒到车身上，能充分溶解车身污物，增强清洗效果。

泡沫机

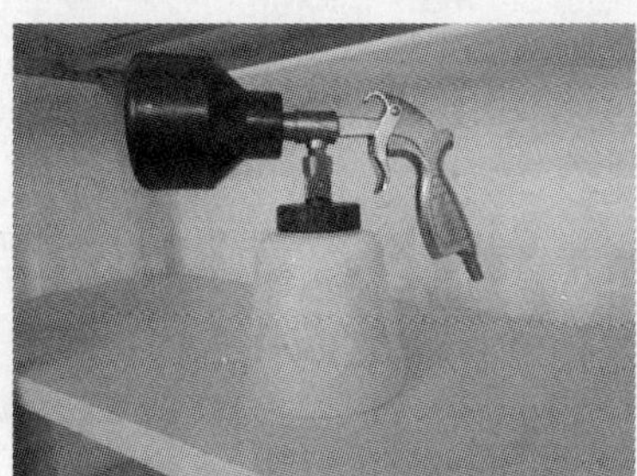

专用雪花泡沫洗车枪

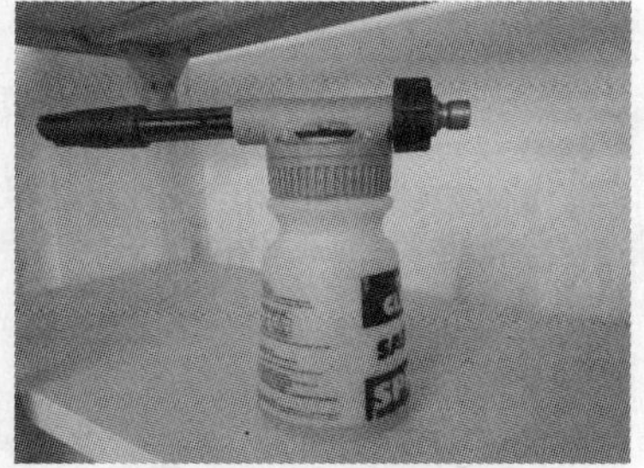

专用二合一泡沫洗车枪

图 1-1-2　泡沫机及泡沫洗车枪示意图

3）手工辅助工具

手工清洗工具包括喷水壶、刷子、兔毛手套等；手工擦拭工具包括刮水板、麂皮、毛巾、甩干桶等。

2．车身清洗液

如图 1-1-3 所示，好的清洗液呈中性，含阴离子表面活性剂，能同时达到去除车身静电、油污和汽车涂面保养的多重目的，是一般日用洗涤剂无法替代的。使用方法要按照使用说明来做，绝大多数的洗车液都要求与水按一定比例混合使用，根据车身污染程度的不同随时调整混合比例。

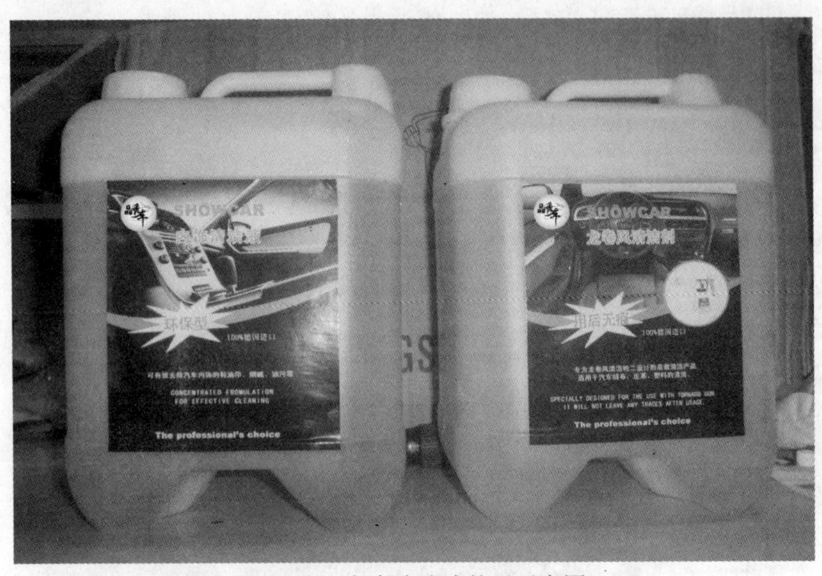

图 1-1-3　车身清洗液外观示意图

1）清洁剂的除渍原理

清洁剂除渍是一个比较复杂的过程，有关专家认为水基清洁剂主要通过“润湿—吸附—悬浮—脱（冲）落”等不断循环的过程来去除物体表面污渍。

（1）润湿作用。当清洁剂与表面上的污渍接触后，表面污渍及其空隙被清洁剂湿润，产生充分接触，造成污渍与被清洗表面结合力减弱，使污渍松动。

（2）吸附作用。清洁剂中的电解质形成的无机离子吸附在物体表面污渍的质点上，改变对污渍质点的静电吸引力。清洗汽车外表面时，既产生物理吸附作用（分子间相互吸引），又有化学吸引作用（类似化学键的相互吸引）。

（3）悬浮作用。污渍经过清洁剂的润湿、吸附作用，使物体表面上的污渍质点脱落，悬浮于水基清洁剂中。

（4）脱（冲）落作用。水基清洁剂通过流动，再将已悬浮于物体表面的污渍冲离该物体。

2）清洁剂的主要成分

汽车表面清洁剂的主要成分有如下几类：

（1）表面活性物质，也称表面活性剂或界面活性剂，是一类能显著降低液体表面张力的物质，常用的表面活性物质有油酸、三乙醇胺、醇类及合成洗涤剂等。

（2）碱性电解质，即在水溶液中能电离出金属离子的化合物，在汽车清洗中常见的是弱碱性的水溶液，主要有碳酸钠、硅酸钠及磷酸盐等。

（3）溶剂，作为清洗工作介质的主体，它能溶解表面活性剂等添加剂，能共同对污渍起化学反应，从而达到清除污渍的目的。主要有油基溶剂类，如煤油、松节油、溶剂汽油等；水基溶剂类主要是水。

（4）摩擦剂，用以增加与清洗物体表面的接触和摩擦的物质，如硅藻土等。

四、涂面附着物的清除

经过洗车工序，汽车涂面变得清新爽洁。但如果仔细观察，仍然可以发现车身涂面上粘附着一些附着物。

1．沥青、焦油类的清除

由于汽车轮胎的高速旋转，路面上的沥青、焦油会被卷起，使车身两侧翼子板的后部、前后保险杠以及车门的下部等部位极易粘附上沥青，影响汽车美观。沥青与车身的涂面有极强的附着力，难于清洗，而且时间过长会损坏油漆，因此要及时清洗。

一般洗车用的清洗剂对沥青的溶解能力较差，如果过分用力擦拭又容易擦伤漆面。汽油、煤油、丙酮等对沥青的溶解能力虽然较强，但对车身漆面损害很大，会使漆面迅速黯淡无光。科学的方法是采用专用的沥青清洗剂，它对沥青有极强的溶解能力而又不损害漆面。

清除方法：将汽车车身擦干后，即可以看出附着在车身涂面上的沥青颗粒，将沥青清洗剂摇晃均匀，喷涂于沥青表层，等待 1min～2min，附着在车身上的沥青颗粒软化后，再用不脱毛的纯棉毛巾擦拭，即能去除漆面上的沥青，随后用清水清洗该处并擦干。

2．鸟粪的清除

鸟粪落在车身上，不仅影响汽车美观，也容易腐蚀车漆，因此应及时清洗。

已干结于车漆涂面的鸟粪，用洗车液很难清除，最好选用专用清洗液即树胶清洗液。

清除方法：将树胶清洗液涂于污物处，约 2min 后，再用不脱毛的纯棉毛巾擦拭干净，随后用清水清洗该处并擦干。

3．树胶的清除

在树下停车时，树上的胶性物质会滴落在车身涂面，很难清除，应用树胶清洗液进行清除。

清除方法：将树胶清洗液涂于胶质污物处，约 2min 后，再用不脱毛的纯棉毛巾擦拭干净，随后用清水清洗该处并擦干。

【任务实施】

汽车车身表面的清洗工艺流程

一、准备

1．车身表面损伤检查

在车辆进行美容操作前一定要做好检查记录工作。尤其是当顾客要给车辆进行漆面、内饰及玻璃等部位美容装饰时，发生的费用会比较高，为了避免与顾客之间产生不必要的误会，做好记录就显得尤为重要。同时，还可以保留客户记录，便于以后的联系和沟通，提高自身的规范程度。

2．仔细检查车门、车窗等部位是否关严

在车辆清洗之前，一定要仔细检查车门、车窗及后备厢盖等部位是否关严，不然洗车时高压水流会通过未关严的缝隙冲进驾驶室内，可能会造成严重的后果（如真皮座椅、电子元件等被损坏）。

二、准备好相关的清洗设备和清洗材料

1．泡沫机的使用

按比例加入水和清洗液，观察混合液的加入量。调整气压，打开空气阀，将泡沫机的进气压力调整到2kPa～4kPa，在此段压力范围内，泡沫喷出的效果最好。压力过低会吹不出泡沫，压力过高会把泡沫吹得到处都是，造成不必要的浪费。

2．高压水枪水流的调整

接通水源和电源后，打开洗车机，调整高压水枪的水流形状，使水压达到要求。洗车时的水压没有要求数值是多少，只要能把污物冲掉且同时不能损坏漆面和其他车身零件就可以。一般来说，车身预冲洗时水压要高一些，二次冲洗时水压要适当调低。由于高档汽车的漆面和车身零件质量要好于低档的汽车，冲洗时可以适当调高水压。但是当清洗微型汽车等低档汽车时，尽量调低水压。不然很容易对漆面造成损伤。

现在市场上大部分高压水枪水压的调整都要人为进行，其调整方法有两种：一种是通过改变枪嘴与被喷淋物之间的距离，距离近压力高，距离远压力低；另一种是通过改变水流的形状来调整，扇形大压力低，扇形小压力高。具体使用哪种方法，要根据实际情况进行灵活调整。

柱状水流：水压高，冲力强，适合缝隙、污泥堆积严重的地方。

大扇面水流：冲洗面积大，水压低，适合外表淋湿和二次冲洗。

三、清洗操作

1．车身预冲洗

车身预冲洗时一定要把水压适当调高，通过改变水枪与车身的距离来调整水压。初次冲洗时水枪与车身的距离在0.5m左右，水枪与车身成45°夹角为宜，水流扇面形状以15°～20°为宜，缝隙和拐角等处用柱状水流。

因为脏污的车身上会有大量的尘土和沙粒，通过各种方式牢固地粘附在车身上，水压小则很难把它们冲洗掉，这样会为下一道工序埋下隐患。但是水压也不能调得太高，不然会损伤漆面和其他零件。

冲洗时一定要遵循从上到下、从前往后的顺序。从车顶到底盘，从发动机罩到后备厢盖仔细冲洗，不要放过任何一个缝隙和拐角等容易堆积尘土的地方，车身通体均用高压水枪打湿。当涂面无大颗粒泥沙或污物后，才能确保下一步顺利进行。

在车轮上方的车身圆弧里，由于车轮滚动会甩上来大量的泥沙和污物，所以一定要用柱状水流冲洗干净。

2．喷洒泡沫并擦匀

喷洒的泡沫要均匀、适量，喷洒泡沫的顺序也是从上到下。喷完车身清洗剂以后，带上浸泡过的干净毛手套，轻轻将车身擦拭一遍，以便彻底去除顽固的油渍。用毛手套擦拭的部位是车身上有油漆的表面和汽车玻璃表面。

对于轮胎和汽车门槛下缘等车体下部，一定要用专用的海绵或刷子单独进行处理，防

止工具混用对车漆或玻璃造成意外的损伤。

3．二次冲洗

二次冲洗的目的是把清洗剂泡沫和污水完全冲掉。注意这时冲洗的水压不用过高，水流扇面以 30°～45°为宜，水枪距离仍然保持在 0.5m 左右。依然按照从上到下、从前往后的顺序进行。当车身上的水自然流下，呈幕帘状且没有油珠时，说明车身已经清洗干净。

4．刮水

车身清洗用的刮水板是经过专业设计的，它就像风窗玻璃刮水器一样，能适应车身的不同流线，并且与车身表面接触非常严密。刮水操作快捷、彻底，省时、省力。

5．精细擦拭

麂皮在使用前一定要浸泡透、拧干后再使用，这样它的吸水性会更好。

精细擦拭一定要仔细、彻底，不能忽略了车门、后备厢盖内边缘和门框等部位。

6．吹干

对于锁孔、门缝、车窗密封条、后视镜壳及油箱盖等部位用压缩空气辅助吹干，尤其是钥匙孔里的水分更要吹干净。在北方的冬季，经常会发生洗车后车锁被冻住而无法开、锁车门的情况，有时还会发生因为油箱盖打不开而无法加油的情况。

【知识链接】

一、无水洗车

无水洗车源于新加坡。十几年前，新加坡政府为节水的需要，强制推行无水洗车，遂使无水洗车技术得以成熟和完善，简单的一喷一擦即可。它不以水为清洗介质对车辆进行保洁。

无水洗车使用的清洁剂各有不同，但其主要原理都是采用化学药品使附着在汽车涂面上的泥沙、油污、沥青及鸟粪等污渍产生膨胀、松化，从而使其脱落汽车涂面，再使用干净的软毛巾将污渍擦除即可。

无水洗车针对车漆、玻璃、保险杠、轮胎、皮革及丝绒等不同部位、不同材料使用不同产品进行保养，可以在彻底清洁污垢的同时使汽车得到有效的保养。相比之下，水洗就没有这个优势。无水洗车液中含有悬浮剂，喷上后会快速渗透，可有效使污渍与车漆隔离，再利用表面活性剂去除污渍，用湿毛巾轻轻一擦即可，所以不会划伤车漆。同时，该产品含有的多种高分子漆面养护成分、增光乳液及巴西棕榈蜡等可以保护车漆、防静电、防紫外线、防雨水侵蚀、防车漆老化，有效地抵挡雨、雪、风及沙粒等对车体的伤害，并保护车漆镜面光泽不受损坏。

通过实践证明，无水洗车具有以下七大优点：

第一，不损伤车辆漆面。长期使用该方法，反而能起到对车辆的养护作用。

第二，操作清洗可以不用水，能大量节约水资源。

第三，不污染环境，无任何废水、废气排出。

第四，不需要任何设备和能源。只要一个工具箱、几块软毛巾、一把毛刷即可，无需投入大量资金。

第五，操作简单。操作人员无需特殊培训，一讲就会、一看就懂，可独立操作。

第六，费用低。相对于有水洗车来说，无水洗车的费用更低。

第七，方便易行，可上门服务。无需将车辆开到洗车点，很受车主欢迎。

无水洗车是一门新兴行业，随着汽车市场的不断发展，对无水洗车的需求越来越广。从国外市场分析，用无水清洗的方法占据很大优势。虽然国内还未达到此种发展规模，但通过政府行为支持以及调高水价、排污费用，对有水洗车形成冲击，将对无水洗车拓展市场创造有利条件，因此，无水洗车的市场前景很好。

但是，也要看到我国不同于新加坡等国家，要想完全取代有水洗车还是有一定难度的，可以使用洗车污水的再循环使用技术来节水。如果从节能环保的角度来考虑，无水洗车还是值得大力推广的。

二、全自动汽车清洗

随着科技的不断进步，全自动清洗设备日益成为汽车美容护理中的重要工具。全自动清洗设备自面世以来，由于具有操作标准、快速高效等特点，迅速得到了普及，特别在一些劳动力成本较高的工业化国家更是得到了广泛的应用。

全自动清洗机按洗车时被清洗的车辆是否与水以外的助洗介质（如滚刷等）直接接触，可分为接触式与无接触式；按清洗时车辆是否移动，可分为隧道式与龙门式（又称往复式）。

无接触式清洗是洗车机通过特殊的喷嘴将高压水以不断变化的切线形式（俗称水刀）沿一定方向对待清洗的车身做喷射运动，从而达到车辆清洗的目的。而接触式清洗是以海绵、尼龙和羽状布等材料制成的滚刷，通过各种形式的旋转并在水（或清洁剂）的作用下，对汽车的外表进行清洗。隧道式清洗机工作时，滚刷被固定在原地做旋转运动，而待洗汽车由设备牵引，沿着固定的轨道缓慢地做纵向移动。而龙门式清洗机工作时，待洗汽车不动，洗车设备带动旋转的滚刷沿着被清洗汽车的车身缓慢地做纵向移动，从而达到清洗车辆的目的。

在我国自动洗车机所使用的泼水剂都是进口品牌，泼水剂国内俗称为光亮蜡。其功能是将水从车辆涂面上剥离开来。要想实现这目标就要赋予车辆涂面以不沾水的特性。使用泼水剂后，水开始在车辆涂面上聚成水珠、水团，在重力的作用下从车辆涂面上剥离开来。在这种情况下，鼓风机很容易把水珠、积水团从车辆涂面上吹掉，这种方式对车顶篷平面上的积水很有效果。要想充分发挥泼水剂的功效，车辆的清洁是非常重要的。如果车辆较脏，效果将大打折扣，会使汽车涂面看起来不平滑，缺乏光泽。首先把泼水剂用水来稀释，一般的比例为 1:10～1:40。自动洗车机会自动把稀释的泼水剂水溶液喷淋到已经清洗干净的车辆涂面上。要想获得较好的泼水效果，必须根据实际情况灵活地调整稀释比例和喷液压力，太高的压力会导致液体大量喷洒到车体外，造成不必要的浪费。

当清洗完毕，车辆驶出洗车房时，车身上还会残留少量水渍。水的残留量与车漆的质量、车体形状、泼水剂的质量都有关系，除了考虑这些因素，洗车用水的品质也很重要。另外，使用浓度过大的泼水剂也会在车体上出现残留物。在实际操作中，洗车专业人员通常会增加一道工序，即在车辆清洗完毕，驶出洗车房后，专业人员会用干净的麂皮，擦拭车辆涂面上残留的水渍。

【评价标准】

（1）汽车车身没有泥点、鸟粪、树胶等污物，特别要注意边角等细节部分。

（2）汽车车身水迹要擦干，不残留水渍。

【思考与练习题】

通过对汽车车身表面的清洗训练，谈谈你的心得体会。

（1）总结汽车车身沥青污物、鸟粪、树胶的清除方法有哪些。

（2）怎样才能做到全车污物冲洗干净并尽可能地节省用水？

（3）在汽车车身擦拭吹干过程中应注意哪些问题？

任务二　新车漆面开蜡

【任务描述】

需要通过轮船运输的进出口汽车，在长时间的运输储存过程中，为了防止海水侵蚀，隔绝空气和紫外线，车身上多涂有一层保护蜡。这层保护蜡厂家做得比较厚，并且十分坚硬，可以防止大型平板运输车在途中被树枝或强力风沙刮蹭及抽打。新车接车后需要对这层蜡进行清除，再对汽车漆面进行深层次护养。

【任务分析】

首先分析保护蜡的化学成分，针对其特点采用开蜡水进行保护蜡的清除。

【相关知识】

一、几种常见的保护性封蜡

1．油脂型保护蜡

蜡膜呈半透明状态，可提供蜡壳极硬的保护层，多用于长途海运的进出口汽车。即使海水飞溅于涂有封蜡的车体表面，也不能对其造成任何伤害，并可防止大型双层运输车在运输途中遇到树枝或其他人为因素所造成的轻微损伤。保证新车在出厂后一年内不受其他有害物质的侵蚀。

2．树脂型保护蜡

蜡膜呈半透明状态，主要用于短途运输的汽车，可以为车身提供一年以上良好的硬质保护层。这层保护膜的厚度大约是油脂型保护蜡的 1/3，能防止运输新车过程中人为轻微刮蹭所造成的划痕现象，但无法抵御海水的侵蚀，所以这种树脂型保护蜡不大适合在海洋运输中为汽车提供防止侵蚀的保护层。

3．硅油保护蜡

蜡膜呈透明状态，新车出厂时为汽车提供短期的保护层，能有效防止紫外线、酸碱气体、树汁、鸟粪、树枝抽打等一般的侵害。对于海水或运输新车过程中所造成刮蹭现象却不能起到很好的保护作用。所以，这种新车保护蜡已在 20 世纪 70 年代被各大汽车制造商淘汰。

二、新车开蜡

在新车交付正常使用后，保护蜡必须除去。因为这种保护蜡不同于上光蜡，其透明度极低，没有光泽，严重影响汽车美观。另外，汽车在使用中运输保护蜡容易粘附灰尘，且不易清洗。因此，购车后必须将运输保护蜡清除掉，同时涂上新车保护蜡。清除新车的封蜡称为“开蜡”。

1．开蜡水

新车开蜡时应注意不能用棉纱蘸汽油、煤油开蜡，此方法虽然能除掉封漆蜡，但汽车漆面也同时受到伤害。因为棉纱虽然柔软，但其中很容易混入铁屑、沙粒及其他坚硬的细小颗粒，且很难发现，极易造成漆膜表面划痕；同时，汽车或煤油也会伤害漆膜。

对涂有油脂运输蜡的车辆开蜡要选用油脂开蜡水；对涂有树脂运输蜡的车辆要选用树脂开蜡水。开蜡水须有强力的去油污功能，对车漆亦不可造成损害。

2．开蜡需要的工具

1）专用洗车海绵

这种中密度海绵包容性极好，在清洁车身过程中能将沙粒及尘土深藏于气孔之中，避免因擦洗工具过硬而不易包容泥沙给车身造成的划痕。配合高润滑型阴离子表面活性剂（高级泡沫洗车液），更可保证操作中万无一失。

2）高密度纯棉毛巾

它在开蜡工序中都需要使用。这种毛巾质地比较柔软，即使清洁车身后表面仍有少量泥沙，开蜡过程中也不会对漆面造成影响外观效果的较大伤害。所以纯棉毛巾应是开蜡过程中必不可少的重要工具之一。

3）塑料异形刮板

这种刮板刮片质地较软，具有一定韧性，加之垫有纯棉毛巾，所以操作时不会对漆面造成任何损伤。擦车时，可用此刮板清除手指触及不到的地方，如板块连接处、车标等。

4）防护眼镜

它可防止施工时药剂飞溅到眼睛里。如有类似情况发生，应立即用清水冲洗，情况严重者应立即就医。

5）橡胶手套

因多数开蜡液均属轻质型煤油类产品，渗透分解性极强，对皮肤有害，所以应使用橡胶手套采取保护措施。

【任务实施】

开蜡的操作程序，由于保护蜡的种类不同，进行开蜡时所采取的操作步骤也不尽相同。

一、油脂型保护蜡的开蜡程序

（1）用高压水枪对车身表面进行冲洗，将粘附在车身上的树叶、泥沙等污物冲洗掉。冲洗的顺序一定要遵循从上到下、从前往后的顺序，依次为车顶、前机盖、车身、后备厢、车裙。冲洗后无需擦干。

（2）将油脂开蜡洗车液装在手动喷壶或气动喷雾器内，然后均匀地喷洒于车体。

（3）晾晒 3min 后，喷洒少许清水，用半湿毛巾按洗车顺序将全车擦拭，然后用配制好的脱蜡洗车液将全车清洗，冲净后无需擦干。

（4）将油脂开蜡洗车液再次喷洒于某一板块，晾晒 1min 后，将喷洒过药液的板块用半湿毛巾再次擦拭，这时此板块残留封蜡可完全清除，然后用开蜡洗车液清洁。按此方法逐块清洗，直至将全车封蜡清除。

（5）最后验车时，应将车身连接缝隙处残留的封蜡清除干净，并将全车外表用开蜡洗车液再次清洁，擦干后打蜡即可。

二、树脂型保护蜡的开蜡程序

（1）用高压水枪对车身表面进行冲洗，将粘附在车身上的树叶、泥沙等污物冲洗干净。

然后用配制好的开蜡洗车液均匀地喷洒于车体，并用洗车海绵擦拭全车，冲净后无需擦干。

（2）将树脂开蜡洗车液均匀喷洒于某一板块，晾晒 1min 后，将喷洒过药液的板块用半湿毛巾擦拭，这时此板块残留封蜡可完全清除，然后用脱蜡洗车液清洁。按此方法逐块清洗，直至将全车封蜡清除。

（3）然后将车身连接缝隙处残留的封蜡用塑料刮板垫半湿毛巾清除干净。

（4）用配制好的脱蜡洗车液将全车再次清洗，擦干后打蜡即可。

【知识链接】

新车漆面的保护比开蜡更重要。汽车尾气的炭黑、空气中的杂质、酸雨等看不见的隐患，从新车上路的第一天便开始在氧化车漆。为了防止这种现象的发生，新车漆面的保护就需要打蜡，但不是普通的蜡。这样可以提高涂膜的光泽，还可以对涂膜提供进一步的防护。如今上光蜡的概念已由一般的单纯打蜡上光发展到保护性上光，成为汽车美容护理之必备。打蜡上光也同样有需要注意的事项，操作不当会给涂膜造成伤害。

新车时期还可以选择做封釉和镀膜等漆面保护方法，但是千万不能随便抛光。因为新车油漆表面的光泽度、漆膜厚度、机械强度等都处于较好的时期，一般不会有严重的缺陷，只要在表面做防护性的保养即可，无需做损伤性的美容。

【评价标准】

车身和连接缝隙处残留的封蜡清除干净，漆面光洁。

【思考与练习题】

通过对新车漆面开蜡训练，谈谈你的心得体会。

（1）如何正确使用开蜡水清除漆面保护蜡，并做好劳动防护？

（2）分析总结新车开蜡洗车与普通车辆洗车中不同之处，以及更应该注意些什么。

任务三　汽车内室的清洁与保养

【任务描述】

汽车与人类的关系越来越密切，人类对汽车的依赖性越来越高。现在很多人一天中的大部分时间都是在车内度过的，汽车俨然成了流动的家。有些车主由于个人用车习惯和用车环境不同，导致汽车内饰件被污物污染，影响美观。采用清洗剂干洗内饰件，去除污物，可以使得部件焕然一新。

【任务分析】

轿车的内饰件一般是指轿车车厢的隔板、门内装饰板、仪表板总成、扶手、地毯等零部件和材料。分析内饰的材料，根据其物流化学特性，针对污物类型进行清洁。

【相关知识】

一、汽车内饰材料

汽车内饰件的质量取决于所用的材料。材料在选用时，除了要求具有良好的装饰性能外，还应重点考虑材料的其他一些性能。例如要求所选材料应有足够的抗撕裂强度，耐磨性能良好；另外还必须具有一定的透气性和吸湿性；要有较强的抗腐蚀性和阻燃性，色泽耐久并易于清洁；在使用过程中还应具有防止积带电荷的特性，以防止静电的产生等。此外，随着人们健康意识的日益加强，选用材料的环保性已成为衡量汽车内部构件质量的一项重要指标。

以前轿车内饰件多用金属、木材和纤维纺织品等材料，外观和质感都不甚理想，而且随着人们环境保护意识的日益加强，寻找一些可以回收利用、材质安全性能高、加工方便的材料来代替传统的材料，已经成为世界各国汽车制造业研究和发展的内容。目前，许多轿车的内饰件已经逐步使用 PP（聚丙烯）材料，这是一种工程热塑材料，它集结了韧性好、强度大、隔热好、质地轻、耐腐蚀、富有弹性和手感好、成本低等一系列优点。更重要的是 PP 材料是一种可以循环回收再利用的塑料，对环境保护大有裨益，因此受到人们的欢迎。

为了使轿车车厢更加舒适和美观，车厢内的装饰材料有越来越高级的倾向。例如坐垫面料，中高级轿车大都采用手感柔和、色调高雅的皮革、呢绒、丝绸等天然材料做坐垫面料。此外，也有采用手感与天然材料相似的细合成纤维无纺布作为面料。普通轿车多采用化纤纺织品，一些高级轿车车厢的装饰还采用贵重的胡桃木、花梨木等材料做成，嵌在仪表板总成和车门内板上，将车厢内部装饰得别有一番情调。

1．皮革材料

目前，市场上流行的皮革制品有真皮和人造皮革两大类。人造皮革中的合成革和人造革是由纺织布做底基或无纺布做底基，分别用聚氨酯涂覆并采用特殊发泡处理制成的，有的表面手感酷似真皮，但透气性、耐磨性和耐寒性都不如真皮。

1）皮料的特性与分类

按皮革的层次分，有头层皮和二层皮，其中头层皮有粒面皮革、修面皮革、压花皮革、特殊效应皮革。最外层的头层皮质量最好，次之为二层皮，其强度、弹性和透气性都不如头层皮。汽车座套必须选用头层皮。现在市面上出售的一种复合皮是在二层皮的表面上附有一层胶膜，表面精致，看上去很像头层皮。

（1）粒面皮革　在诸多的皮革品种中，全粒面皮革居榜首，因为它是由伤残较少的上等原料皮加工而成，革面上保留完好的天然状态。涂层薄，能展现出动物皮自然的花纹美。它不仅耐磨，而且具有良好的透气性。全粒面皮革分为软面革、皱纹革、正面革等。特性为完整保留粒面，毛孔清晰、细小、紧密、排列不规律，表面丰满细致，富有弹性；半粒面皮革在制作过程中经设备加工、修磨成只有一半的粒面，故称为半粒面皮革。它保持了天然皮革的部分风格，毛孔平坦呈椭圆形，排列不规则，手感坚硬，一般选用等级较差的原料皮。但是其表面无伤残及疤痕，且利用率较高，其制成品不易变形，所以属于中档皮革。

（2）修面皮革　修面皮革是利用磨革机将表面轻磨后进行涂饰，再压上相应的花纹而制成的。实际上是对带有伤痕或粗糙的天然革面进行了“整容”。此种革几乎失掉了原有的表面状态。修面牛皮又称“光面牛皮”，市场上也称雾面、亮面牛皮。特性为表面平坦光滑无毛孔及皮纹，在制作中表层粒面轻微磨面修饰，在皮革上面喷涂一层有色树脂，掩盖皮革表面纹路，再喷涂水性光透树脂，所以是一种高档皮革。特别是亮面牛皮，其光亮耀眼、高贵华丽的风格，是时装皮具的流行皮革。

（3）压花皮革　压花皮革用带有图案的花板在皮革表面进行加温，压制出各种图案，形成一种风格的皮革。

（4）特殊效应皮革　特殊效应皮革其制作工艺要求同修面皮革，只是在有色树脂里面加带珍珠、金属铝或金属铜元素进行综合喷涂于皮革上，再滚一层水性透明树脂，其成品具有各种光泽，鲜艳夺目，雍华富贵。

二层革是厚皮用片皮机剖层而得，头层皮用来做全粒面革或修面革，二层皮经过涂饰或贴膜等系列工序制成二层革，它的牢固耐磨性较差，是同类皮革中最廉价的一种。其随工艺的变化也制成各种档次的品种，如进口二层牛皮，因工艺独特，质量稳定，品种新颖等特点，为目前的高档皮革，价格与档次都不亚于头层真皮。

2）皮革材料在使用过程中出现的问题

（1）松面　松面是指将皮革制品向内弯曲90°，粒面上将出现较大的皱折且展平后不消失，即为皮革制品管皱。管皱是最严重的松面现象。

（2）裂浆、掉浆、露底　一手将革面按住，一手拉开基面，用小刀或钥匙柄从里向外顶革面，并来回划动。若粒面上出现裂纹，即为裂浆；而仅呈现底色称为露底；涂层从革面上脱落则称为掉浆。造成裂浆、掉浆、露底的原因是：涂层的延伸性同皮革的延伸性不一致；涂层材料使用不当；涂面配方不合理或涂层过厚等。

（3）掉色　掉色是指涂层经干擦或湿擦后产生掉色现象。产生的主要原因有：涂饰剂中含有的颜料过多或颜料颗粒较粗；涂饰剂中有酸性粒子元，染料量过大。涂层耐干擦而不耐湿擦的主要原因是涂层防水性能不佳。

（4）油霜、盐霜　在革面上形成的粉状油脂渗出物叫做油霜。尤其在天气较冷的情况下，更容易形成油霜，且擦去后不久仍将出现。这是由于原料皮本身含有的高熔点硬脂酸等脂类物质没有除净，或加脂剂中含有较多的该种物质。在皮革的干燥或放置过程中有时会在粒面上出现一层灰色霜状物，叫做盐霜，这是由于皮革在中和后未经充分水洗，皮革中含有大量的可溶性盐渗出所致。如何鉴别盐霜与油霜的方法是取一架热熨斗熨烫，油霜可被皮革吸收而盐霜则不能。

（5）革面发黏　用手触摸革面有粘手的感觉，或将革面相对叠在一起，在分开时发出粘结声，则被认为是涂层发黏。出现这种情况的主要原因是由于软性树脂用量过大，涂层的皮革较易吸附灰尘。

（6）僵硬无弹性　皮革变硬的原因有四个：一是由于使用时间过长，皮革内油脂渗出太多或皮革自然老化；二是水浸或洗涤不当，晒干后变硬；三是上光打蜡或上浆上色选用的材料不当或涂层太厚；四是粒面吸收太强或粒面磨损，以前翻新时吸收浆料过多。

2．橡塑材料

橡塑是橡胶和塑料的统称，它们最本质的区别在于塑料发生的是塑性变形，而橡胶发生的是弹性变形。换句话说，塑料变形后不容易恢复原状态，而橡胶相对来说就容易得多。塑料的弹性是很小的，通常小于 10%，而橡胶可以达到 100%甚至更多。塑料在成型上绝大多数成型过程完毕，产品过程也就完毕，而橡胶成型过程完毕后还需要硫化过程。

1）橡胶

橡胶可分为天然橡胶和合成橡胶两大类。天然橡胶是来自热带和亚热带的橡胶树，由橡胶树干切口，收集所流出的胶浆，经过去杂质、凝固、烟熏、干燥等加工程序，而形成的生胶料。合成橡胶则是由石化工业产生的副产品，依不同需求，合成不同物性的生胶料。但因合成方式的差异，同类胶料可分出数种不同的生胶，又经由配方的设定，任何类型胶料，均可变化成千百种符合制品需求的生胶料。

橡胶的老化现象：橡胶成品所处的环境条件，随时间的推移引起龟裂或硬化，橡胶物性退化现象，称为老化现象。引起老化的原因有内部因素和外部因素。内部因素有橡胶的种类、成型方式、键结程度、配合药物的种类、加工过程中的因素等。外部因素有氧、氧化物、臭氧、热、光、放射线、机械性疲劳、加工过程的缺失等。

2）塑料

塑料是具有塑性行为的材料，所谓塑性是指受外力作用时，发生变形，外力取消后，仍能保持受力时的状态。塑料的弹性模量介于橡胶和纤维之间，受力能发生一定变形。软塑料接近橡胶，硬塑料接近纤维。塑料为合成的高分子化合物，由合成树脂及填料、增塑剂、稳定剂、润滑剂、色料等添加剂组成，它的主要成分是树脂。

根据各种塑料不同的理化特性，可以把塑料分为热固性塑料和热塑性塑料两种类型。前者无法重新塑造使用，后者可一再重复生产。由体型高分子制成的是热固性塑料：体型结构高聚物由于没有独立的大分子存在，故没有弹性和可塑性，不能溶解和熔融，只能溶胀，硬度和脆性较大。由线型高分子制成的是热塑性塑料：线型结构（包括支链结构）高聚物由于有独立的分子存在，故有弹性、可塑性，在溶剂中能溶解，加热能熔融，硬度和脆性较小的特点。

橡塑材料在汽车上使用也很广泛。轮胎的主要材料就是橡胶，汽车内饰件也大量使用橡塑材料。目前，采用PP材料制造仪表板总成外壳已成为主流。

3. 纤维材料

纤维材料有天然纤维和化学纤维两种。天然纤维是指由棉、麻和毛为原料加工制成的成品材料，天然纤维材料的特性是安全环保、舒适性高，但是容易脏污，保养护理比较麻烦。化学纤维是用天然或人工合成的高分子物质为原料，经过化学或物理方法加工而得的制品的统称。因所用高分子化合物来源不同，可分为人造纤维和合成纤维。在汽车内饰中纤维材料也大量使用，例如顶篷、地板和座椅等都是使用纤维材料较多的地方。

（1）人造纤维　人造纤维的生产是受了蚕吐丝的启发，以纤维素和蛋白质等天然高分子化合物为原料，经化学加工制成高分子浓度液，再经纺丝和后处理而制得的纺织纤维。手感柔软、光泽好；吸湿性、透气性良好。

（2）合成纤维　合成纤维是由合成的高分子化合物制成的，种类繁多。合成纤维具有保温性强、电绝缘性较高、阻燃性好、弹性强、耐磨性较好、不易变形、耐热性好、化学稳定性好且耐腐蚀等特点。

4. 合金材料

合金是由金属与另一种（或几种）金属或非金属所组成的具有金属通性的物质。一般通过熔合成均匀液体后凝固而得。根据组成元素的数目，可分为二元合金、三元合金和多元合金。

在汽车装饰部件上使用的合金，绝大多数都是镀到基材上去的，主要是为了增加其抗磨性、美观性，并满足车主的不同要求。

5. 木质和仿木质材料

木质或者仿木质材料也是轿车内饰的主要材料之一，镶嵌在仪表板、中控板（副仪表板）、变速杆头、门扶手、转向盘等地方。

桃木或仿桃木材料具有美观、高雅、豪华等特点，其独有的花纹图案可获得特殊的装饰效果。因此，一些中高档轿车用胡桃木做内饰材料，配上真皮面料坐椅、丝绒内饰面料等，相辅相成，尽显一种优雅与华贵的气氛。中低档轿车在车内配置仿桃木材料，也可提高档次。

【任务实施】

汽车内饰清洁保养与翻新

一、内饰清洁消毒材料与设备

（一）清洗护理用品

由于内饰材料种类不同，使用的清洁保养用品也不同，选择和使用时一定要根据使用说明辨别清楚。现在很多专业的汽车清洁剂生产厂家，都会根据车上零件材质的不同而开发专门的清洗产品。这些清洗保养产品操作简单，清洗效果好，并且安全环保。

合格的内饰品清洗剂应该具有以下特征：能有效去除各种轻度污垢和油脂；具有污染物屏蔽功效，有效防止被清洗纤维短期内再度遭受污染；呈中性，不含强酸碱类物质，不会伤及各种材质，对人体健康无害，安全环保；使用较为简单，直接喷洒在被清洁的材质上，稍等片刻后，用干净软布擦干净即可，无需用水冲洗，对于顽固性的污垢，可以借助刷子洗刷；防止和消除静电的产生。

1．化纤织物内饰清洁剂

化纤织物内饰清洁剂是去除汽车地毯和内饰品上各种污垢的干洗剂，主要用于汽车丝绒和地毯的清洗，也适用于汽车塑料顶篷、仪表盘、塑料门内饰，以及坐椅、后备厢的清洁除污。

2．皮革清洁剂

专门用来清除皮革饰件上的污染物。

3．真皮护理剂

真皮护理剂应根据真皮毛孔的特性，通过特有的渗透功能，用天然的营养精华对真皮进行清洁、滋润，使之更加柔和且富有弹性，延长使用寿命。

4．仪表板光亮剂

仪表板护理剂在我国俗称为仪表板上光蜡，主要是对仪表板进行有效清洁、美容，阻止紫外线的侵蚀，抗静电，防止板材失色、龟裂和老化。可以用于工程塑料件、木制件、橡胶密封条和皮革制品。

优良的仪表板护理剂应具有如下品质：良好的清洁、美容、抵抗紫外线侵蚀及抗静电等功能；不含有机溶剂而损伤所修饰的材质；采用纯天然制剂而不会对人体健康带来威胁，也不会污染车内环境。劣质或不合格的仪表板护理剂含有大量的有机溶剂，异味浓重，令人窒息，且久不干燥，容易吸附尘土，对车内环境造成严重的污染，对人体健康造成潜在威胁。

（二）除臭消毒剂

除臭消毒剂可以清除驾驶室内的异味，杀灭有害细菌，还可以单独喷洒，也可以加到蒸汽机中使用。

（三）设备和工具

1．汽车内饰清洁专用吸尘器

清洁专用吸尘器是清洁汽车内饰中必不可少的设备，它可以通过更换不同的吸尘端头将犄角旮旯的杂物、灰尘清除干净。同时，它还自带加湿功能。

2．蒸汽机

高温蒸汽机通过将机器里的水加热，产生高温蒸汽，将顽固污渍溶解清除以起到杀菌消毒的效果。

蒸汽熨斗是蒸汽机的附件，可以用来熨平内饰部件。对应不同的内饰材质有不同的调节挡位，使用时要注意加热的温度，不要将内饰件损坏。

3．蒸汽机的使用

将除臭剂与水按比例混合后加入蒸汽机中，加完水后一定要将加水口盖拧紧，防止压力升高后蒸汽喷出伤人。调整温度和喷雾压力，打开加热开关加热，设定好喷雾压力，大约加热 15min 就可以使用了。

使用蒸汽清洗机时一定要注意以下几个问题：

（1）可以在加水时混合一定量的除臭消毒剂。

（2）蒸汽不要喷到电子元件上，不然很容易将其损坏，高温蒸汽不得对着他人。

（3）尽量不要用其清洁皮革制品。

（4）使用完，应将蒸汽机里的残余液体排除干净，防止腐蚀。

二、内饰清洁方法

（一）车内除尘

现代汽车车身内部除仪表板外，电控元件也很多，它们最忌受潮。因此，不能用水冲洗，只能用人工方法清洁，除尘是第一步。

专业的车内清洁步骤是首先取出车内的踏脚垫、地毯和杂物，抖去尘粒（最好是进行泡沫清洗后脱水），倒掉烟灰。用专用吸尘器自上而下吸去顶篷、仪表板、座椅、地板及后备厢内的灰尘。地板的吸尘要分两次操作，第一次吸掉沙粒，第二次更换吸尘端头，边吸边刷，主要是吸掉灰尘。要特别注意地板拐角部位的尘垢，必要时应反复吸除直至吸除干净。

（二）仪表板和方向盘的清洁

仪表板的表面分布着很多开关、孔洞、凹槽以及凸缘等，形状复杂，极易藏污纳垢。特别是包裹有人造皮革或真皮的软化层，由于细纹多或附有毛孔，容易滋生细菌，应认真清洁。清洁方法一般是先用湿毛巾擦拭，如果个别部位积垢太多，无法清除时，可以喷洒皮革清洁剂，然后用软毛刷刷除，再用蘸有清水的软毛巾擦拭，最后用麂皮吸去其上的水分。

仪表板上还附有许多塑料、电镀或桃木之类的装饰件，不同的材料要用不同的清洁剂，方能对症下药。不然不但清洁效果不佳，还容易造成内饰件氧化（褪色）、腐蚀和损坏。

仪表板清洁后可喷涂一层皮草（或塑料）保护剂，3min～5min后再用绒布擦拭，即能起到很好的保护作用。最后喷涂一层上光剂，既能保持表面光亮，也不容易沾染灰尘并且容易擦拭，如图1-3-1所示。

方向盘多为酚醛树脂、ABS工程塑料制造，有些还附有人造皮革软化层，容易积聚各种污垢，汗脂较多，应用塑料清洁剂清洁。方向盘外套的材料多为橡胶或橡塑件，可以拆卸下来用橡胶或塑料清洗剂清洗，再用清水冲洗，最后喷涂橡胶保护剂和光亮剂。

图1-3-1　仪表板清洁操作示意图

（三）汽车顶篷和内饰板的清洁

车身顶篷多为毛料或纤维绒布制成，沾染的油污不多，主要是吸附了较多的灰尘、人体汗渍、烟尘和细菌，应采用丝绒清洗剂进行清洁，污染严重时可用电热式多功能清洗机（如有必要，可加入适量的丝绒清洗剂）进行清洗，如图 1-3-2 所示，再用蒸汽机进行消毒，最后喷涂丝绒保护剂和光亮剂。

内饰板多为人造皮革或真皮制作，清洁方法与仪表板方法相同。

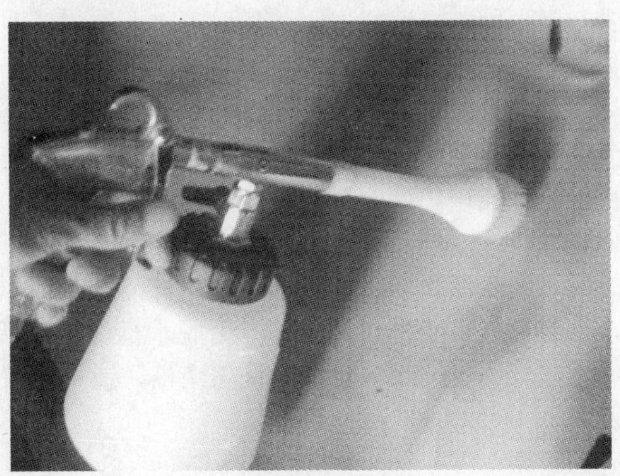

图 1-3-2　龙卷风汽车内饰免接触清洗机清洗顶篷操作示意图

（四）座椅的清洁

座椅的使用频率极高，沾有大量的人体汗渍、油渍和细菌，是车内清洁的重点。座椅的面料有丝绒、人造皮革和真皮，不同的面料要使用不同的清洁剂清洁，不然不科学的方法会给面料带来损害。另外，织物和皮革的颜色是通过吸收染料而形成的，有机染料会与某些清洁剂发生化学反应，而出现褪色（氧化）现象。因此，首次使用清洁剂时，应先在座椅面料不显眼的地方进行试用，确认无褪色作用后，方能正式大面积使用。

1．丝绒面料的清洁

丝绒面料的特点是非常柔顺、色泽丰富以及乘坐舒适，但容易吸附烟尘和汗渍。清洁时应采用专用的丝绒清洁剂。喷涂后，用干净的湿毛巾擦拭。对于个别严重沾污的部位，可重点喷涂清洁剂，用软刷轻轻擦拭，然后再用干毛巾或麂皮擦拭吸干，也可用蒸汽机进行高温消毒，最后喷涂丝绒保护剂和光亮剂。

2．皮革面料的清洁

皮革的表面比较光滑，用湿毛巾擦拭后，看起来似乎很干净，但是真皮表面分布有许多毛孔，同样，人造皮革的表面上也分布有许多细纹，其上积聚的油污和细菌是无法擦掉的，应用皮革清洁剂进行清洁。如果错用清洁剂时，可能会造成皮革表面褪色和老化，甚至龟裂。

皮革表面沾污严重的地方要做重点清洁。清洁后再喷涂一层渗透力极强的皮革保护剂，能起到很好的保护颜色、恢复柔软、防止龟裂的作用。喷涂后 3min～5min 再用绒布擦干即可，最后喷涂一层光亮剂，使座椅的色泽更为鲜艳。

座椅清洁后喷涂保护剂和光亮剂是非常必要的。因为树脂型保护剂能在座椅的表面形成一层保护膜，可以免受污垢的直接侵蚀，并有耐磨、抗紫外线损害和易清洁等功效。保护剂对皮革还有防止龟裂的作用，喷涂光亮剂后能使座椅表面更加艳丽。

如果座椅上装有座椅套和头枕套时，应取下用高效多功能洗衣机清洗。当整车美容和护理作业完成时，座椅套和头枕套也清洗和烘干完毕。

（五）安全带的清洁

安全带的清洁往往是被忽视的地方，但是安全带的清洁也是很重要的。清洁安全带时应拆下有尘埃的安全带，用中性肥皂水或温水擦洗。不可选用染色剂或漂白剂作为清洗剂进行清洗，不然会降低安全带的强度。

清洗安全带时应注意：安全带一定要保持清洁，如果安全带不清洁，就会影响其效能的发挥；卷带前，安全带必须完全干透；不能用化学清洗剂擦洗安全带，不然安全带会与有腐蚀性的液体发生接触，从而破坏安全带上的织物。

（六）地毯和踏脚垫的清洁

地毯和踏脚垫多为纤维织物制作而成，取下后用泡沫清洗剂或专用地毯清洗液清洗，并且用清水冲洗干净，再将它们折叠起来，置于专用脱水机内脱水后放回车内即可。

对于不可拆卸的地毯，应用电热式多功能清洗机清洁，或用蒸汽机进行消毒处理，最后喷涂保护剂和光亮剂。

（七）空调系统的清洁

空调系统能给乘客提供舒适的乘坐环境，高级轿车的空调系统均采用了计算机全自动控制，制冷量大并且制冷速度快。一般的车内前后、左右和上下都设置了冷暖气导流口，新鲜空气经过过滤后进入车内，循环量任意调节。

现代轿车的空调系统的操作设计更为人性化。前后排座椅的乘员均可对空调系统进行独立操作，而不必担心对他人产生影响。

空调系统的进出风口和控制面板均为塑料制品，清洁时，要先了解车辆进出风口和进气滤网（有的车型无进气滤网）的位置，用真空吸尘器对各进出风口吸尘，然后取下进气滤网，拍去灰尘，用湿毛巾擦去进出风口的灰尘和污垢，对于个别有油污的部分，可喷涂塑料清洁剂后再用软毛巾或海绵擦拭。后排座椅上的控制面板由于较易沾染指膜、油脂和汗渍，应采用塑料清洁剂进行清洁，喷涂后用丝绒轻轻擦拭，但切勿用力过大，以免损坏电控开关和刮花面板上的饰件。

完成对空调系统的清洁后，应启动发动机，开启空调系统，将控制开关置于内循环和最大出风量处，在进出风口喷洒空气消毒剂进行杀菌消毒和除异味，最后再喷洒空气清新剂。

（八）音响系统的清洁

汽车音响和别的电器产品一样，经不起潮湿、灰尘和剧烈震荡。有的驾驶者在跑长途的时候喜欢把音响开到最大音量，震耳欲聋的音乐可以赶走疲劳，殊不知汽车音响最怕遭遇这样的振幅突变。

音响在使用过程中要避免突然将音量放到最大，这样容易使喇叭线圈损坏，对功率放大器造成影响，振幅突然加大也会烧毁功率放大器。除了要避免振幅突变外，潮湿和灰尘也是造成音响故障的两大因素。清洁汽车内饰时，一定要注意尽量不要朝着音响的方向喷洒香水和清洁剂之类的液体，音响上有灰尘，可以用干毛巾或者专用的湿巾纸擦拭。

（九）后备厢的清洁

后备厢与车身内部很相似，内饰多为绒布，清洁方法基本相同。清洁时，先取出后备厢内的备用轮胎、随车工具以及杂物和底板防护垫，拍去灰尘，用真空吸尘器吸去内部的灰尘、泥沙和污垢，然后用电热式多功能清洗机进行清洁。如果没有多功能清洗机，可用湿毛巾进行擦拭，主要是去除灰尘。对于局部沾污严重的部位，则用丝绒清洁剂进行清洁。对于后备厢的密封条，可用水进行清洁，吸干水分后上车蜡或橡胶保护剂。

清洁后，对丝绒内饰可再喷涂一层丝绒保护剂或丝绒光亮剂。还可以对整个后备厢喷洒消毒清新剂。最后附装备用胎、随车工具和杂物。

（十）喷洒空气清新剂

车内经过清洁后，已经焕然一新，可以征求车主意见，选择合适的香型，喷洒少量的空气清新剂，以使驾驶和乘坐环境更加舒适。

三、汽车内饰翻新

高档轿车的真皮内饰越来越多，比如一些高档汽车的座椅多为真皮包囊，而且方向盘和换挡杆同样也包有真皮。这些真皮座椅多为浅色，看上去不仅干净整洁，而且美观大方。但是消费者在使用的过程中才知道，这些座椅特别容易受到外界环境的污染，而且不像布衣座椅那样可以随意拆下来清洗。由于真皮具有很好的柔软性和手感，所以在使用过程中极易被刮伤或划坏，不能继续使用，很多消费者只能更换真皮，重新包裹，既花时间有浪费金钱。因此，高档轿车原厂的真皮内饰，在制造工艺和质量上应与汽车整体搭配且协调。

（一）皮革破损修复

1．皮革修复剂

皮革修复剂是一种独特的白色膏状混合物，通过用 300℃左右的热风加热快速固化。固化物透明，韧性好，强度高。对真皮、人造革、乙烯材料的粘附性很好。同时，表面能用内纹理片压出与其他部位相似的纹理，再喷涂上内饰改色涂料，基本上还原到皮革的最新状态。

2．修复步骤

1）将破损部位的毛边修剪整齐，作出斜坡状的茬口。

2）使用专用的清洁剂彻底清洗表面，并晒干。

3）用塑料、皮革预处理剂清洗化学污物。

4）用 400 号～600 号水磨砂纸打磨破损处的边缘，再次用皮革处理剂清洗，晒干。

5）填充一薄层皮革修复剂，用热风枪加热到 300℃左右，至修复剂由白色变为透明为止。逐层填补，直到把破损部位填平为止。

6）用内纹理片压制出与皮革相似的纹理。

7）用上色涂料上色即可。

（二）内饰改色

转向盘、车门内饰板等处被磨损掉色是无法避免的，香水等化学用品滴漏到仪表板等部位也会造成其腐蚀掉色。内饰掉色会显得车子很旧，黯然无光。解决这些问题的办法就要用到内饰的翻新和改色工艺。

1．内饰改色涂料

内饰改色涂料是一类超级柔性的水基涂料，安全环保。可用于真皮、人造革、塑料、乙烯材料以及绒布、地毯等材料。它具有很好的粘附力，持久耐用，且颜色大多与汽车原厂内饰配套，也可以根据配方调配出自己选择的任意颜色。内饰改色涂料有喷涂式和气雾罐式两种，操作方便。

2．改色步骤

1）用专用的清洁剂将需要改色的部位彻底清洗干净。

2）用皮革预处理剂清洗化学污物。

3）用菜瓜布打磨改色表面，至磨砂状态。再次清洗污物，晒干。

4）喷涂一薄层改色涂料，闪干片刻后，再次喷涂，直至颜色完全遮盖为止。

【知识链接】

内室杀菌消毒的方法

目前市面上常见的汽车内室杀菌消毒方法很多，但原理大多还是物理消杀、化学消杀、离子消杀、臭氧消杀等。从发展趋势看，由于对环保的愈发重视，汽车内室的消杀方法将更多地注重采用物理和离子消杀的原理，化学消杀方法则由于汽车部件的损伤和容易产生新的有害气体而较少使用。

一、化学法

化学法主要是用一些消毒剂对汽车进行喷洒和擦拭，通过化学反应的方式达到除去病菌的目的。这种消杀放大的优点就是消杀彻底迅速，施工简单易行。缺点也相当明显，后遗症较多，同时对汽车也有一定程度的损害作用。目前市场上常用的消毒液及使用方法如下：

1．过氧乙酸

可用0.5%的过氧乙酸溶液喷洒在汽车外表面和内部空间进行消毒，但消毒后要通风半小时以上。由于过氧乙酸具有腐蚀性和漂白性，所以车内的一些物品衣物最好先取出，消毒后对汽车的金属部件要进行擦拭。

2．84消毒液

通常这种消毒液含氯量为5%，使用时必须加200倍的水进行稀释，如果不按比例稀释会有一定腐蚀性。84消毒液没有挥发性，对空气中的飞沫没有什么效果。

3．来苏水

来苏水溶于水可杀灭细菌繁殖体和某些亲脂病毒，可以用1%～3%的溶液对车内进行擦拭或喷洒。但来苏水和肥皂或洗衣粉一起使用时，将会降低杀菌力。

4．甲醛消除灵

这是一种很新的车内杀毒产品和方法，主要是通过经特殊处理的红色颗粒来吸附和消除车内的甲醛等有害气体，使用简单。但缺点在于化学消毒可能会产生后遗症。

二、高温蒸汽消杀

用高温蒸汽给汽车消毒，相当于给汽车“做桑拿”，利用蒸汽的高温对汽车内部进行消毒杀菌。这种方法无毒无害，但实行条件较高。

蒸汽消毒的一半过程是：技师在专业的汽车蒸汽消毒机内加入水、清洁剂、芳香剂后，接通电源加热至 130℃，将喷出的高温蒸汽对汽车内部进行消毒。蒸汽消毒机的品质和操作水平都十分重要，所以要尽量选择规模大、口碑好的专业汽车保养店。有的店家在蒸汽消毒的同时还附带红外线、负离子的消毒，不仅有效地清除车内的烟味、油味、霉味等各种异味，还杜绝了细菌、螨虫的滋生和某些皮革因表面的保护层遭受酸性物质的破坏而出现的褪色、发黄等现象。但是高温和湿气容易引起电器、仪表及塑料件老化，因此不建议经常使用。

三、臭氧消杀

臭氧杀毒主要是采用一个能迅速产生大量臭氧的汽车专用消毒机进行消毒。臭氧是一种具有广泛性、高效性的快速杀菌剂。它可以杀灭多种病菌、病毒及微生物，氧化反应除去车内的有毒气体（如 CO、NO_X、SO_2 和芥子气等）。

因此臭氧机制造出来的大量臭氧就可以在较短的时间内破坏细菌、病毒和其他微生物的结构，使之失去生存能力。臭氧的杀菌作用是急速的，当其浓度超过一定数值后，消毒杀菌甚至可以瞬间完成。与化学消杀不同，由于利用臭氧消毒杀菌一般不残存有害物质，不会对汽车造成二次污染。臭氧杀菌消毒后很快就分解成氧气，不会对人体造成伤害。臭氧消杀的缺点是消杀价格过高。

四、离子消杀

离子消杀也是比较常见的一种车内空气清新方法。主要是通过购买车载氧吧释放离子达到车内空气清新的目的。事实上，它不能算严格意义上的空气消杀方法，只能是一种空气清新和净化方式。优点是使用简单，基本不用车主动手。缺点也比较明显，空气净化过程缓慢，消杀不彻底。

五、光触媒

光触媒是最近才兴起的一种新的消杀方法。它的工作原理其实很简单，就是利用二氧化钛这种光的催化剂，见光产生正、负电子，其中正电子与空气中的水分子结合产生具有氧化分解能力的氢氧自由基，而负电子则与空气中的氧结合成活性氧。二者均具有强大的消毒杀菌能力，对于汽车车厢内常见的甲醛、氨、苯等有机化合物具有分解作用，同时还可以清除车厢内的浮游细菌。

六、竹炭消杀

竹炭同活性炭一样具有发达的空隙结构，具有强大的比表面积和超强的吸附能力。竹炭是以高山老竹为原料，采用高温热解技术，历时 20 多天精心烧制而成。竹炭每克比表面积高达 $500m^2$～$700m^2$，具有极强的吸附能力。对苯、甲醛、丙酮、氨、一氧化碳、二氧化碳都有吸附分解作用，属于纯天然绿色环保产品，专用于除臭、杀菌、防霉、吸潮、防虫、防蛀、净化空气等。

【评价标准】

（1）内饰件没有污渍、油渍。

（2）汽车边角部分没有灰尘、烟灰、毛发。

【思考与练习题】

通过对汽车内饰清洗训练，谈谈你的心得体会。

（1）针对内饰件不同的材料，应如何选用合适的清洁剂？

（2）如何对绒布类的内饰材料进行清洗，应注意些什么？

（3）如何对真皮类内饰材料进行清洗，应注意些什么？

（4）如何对汽车电子器件面板进行清洗，应注意些什么？

任务四 汽车发动机室与底盘的清洁与保养

【任务描述】

发动机是汽车的核心部件，发动机性能的好坏直接影响着汽车的使用性能。汽车上安装发动机的空间称为发动机室，绝大部分轿车的发动机室都是在车辆的前部，打开发动机罩盖就能看到。

发动机室的污染以油性污染物为主，尘土、油污及各种酸碱物质特别容易附着在发动机机体等部件上，这些物质会与金属产生氧化反应而腐蚀机件。润滑残留物是汽车发动机最常见的污渍。在使用汽车时，润滑油工作过程中常会发生一定程度的老化、氧化和聚合，而这些残留物也往往容易附着在汽车零部件的表面。同时，长期的高温和氧化作用还容易导致发动机的橡胶、塑料制品因老化而失去弹性，进而产生龟裂，严重时还会导致发动机发生故障。

【任务分析】

发动机美容就是采用专业美容清洁用品对发动机及其附件进行清洗和保养，是可以有效延长其使用寿命的一种操作工艺。

【相关知识】

汽车底盘通常是看不到的，由于其部位特殊，车底挡泥板及车身下边缘的弯曲部分泥污、脏物极易堆积，堆积附着物的水分又不容易蒸发，时间稍长不作清理就容易生锈、腐蚀。因此，汽车底盘需要定期进行清洁维护。

【任务实施】

一、发动机室的清洁保养

（一）准备清洁保养用品

（1）毛刷：辅助清洗工具，清除顽固污渍。

（2）保护膜：防水功能，保护电器元件。

（3）发动机表面清洗剂：能快速乳化分解去除油污，且不腐蚀机体及其组件。水溶性好，可完全生物降解，易用水冲洗。

（4）发动机保护剂：用于发动机外部件的护理，使用优质水基上光剂，保护零件，防止沾染灰尘。

（二）保护好电器设备

用锡箔纸或保护膜等防水材料扎紧不宜水淋的部件，如分电器、电线卡头、蓄电池和各传感器卡头等。

（三）用低压水喷淋发动机室

将水枪扇面调至最大，使水压尽量低一些，能将尘土冲掉，将发动机淋湿即可。前风窗玻璃与发动机室隔热空间内最容易积留树叶、污泥和灰尘等污物，且很容易被空调风机带进驾驶室内，一定要仔细冲洗。

（四）清除油污

喷洒发动机清洗液并浸透 5min～10min，油污严重的要用毛刷仔细刷洗，然后冲掉泡沫和污水。冲洗干净后的发动机变得干净清爽。

（五）吹干

尽快吹干火花塞、传感器和电线接头等电器元件，将保护膜取下。

（六）发动机表面镀膜

均匀喷洒保养剂。发动机保养剂可以有效保护发动机上的零件，能防止塑料橡胶零件老化，避免发动机上粘附灰尘。如果时间长了又灰尘堆积，用压缩空气吹净即可。保养后的发动机室干净、亮丽如新。

二、汽车底盘的清洁与保养

汽车在使用过程中要经历各种气候条件和复杂的路况：春季多风沙，细小沙石对底盘的撞击；夏季雨后地表蒸汽烘烤、酸雨的侵袭；冬季雪后除雪剂的腐蚀，钢筋铁骨也会伤痕累累。这些都对汽车底盘造成了一定的损害，很多车辆表面看起来光艳照人，而底盘却早已经锈蚀斑斑、漏洞百出。因此，对汽车底盘部分的维护和保养，也是汽车美容里面必不可少的一项。

（1）将汽车用举升机升至工作高度，或者将汽车开到地沟槽平台上。若没有举升机又没有地沟槽实施时，严禁操作人员使用千斤顶升起车身后钻入车底下进行冲洗作业。

（2）用高压水枪全面冲洗底盘，如果有可能，最好使用高压热水冲洗机冲刷掉污物，只用自来水很难冲洗干净。冲洗时，对边缘部位、弯曲部位以及四轮的挡泥板等部位更应仔细冲洗。有时还需配合使用较软的钢丝刷或铲刀来去除顽固的残留污物，但操作时要小心，不能损坏保护涂层。

（3）使用工作灯仔细检查车身底部、底盘和悬架等处有无生锈。如果有生锈或有伤痕，用砂纸打磨去除浮渣、锈污，然后先后涂上防锈漆和底盘沥青涂料。

（4）有必要的话还可以对汽车底盘部位全面喷涂保护剂。喷涂之前，应先拆卸下四只车轮，将轮毂、减振器、排气管及转向节等有相对运动的接合表面，以及其他不得喷涂的部分用防涂纸进行覆盖。当必要的防涂遮蔽工作完成后，才能进行喷涂作业。

汽车底盘清洁的注意事项如下：

（1）为确保在举升设备下作业的安全，有必要定期对举升设备进行维护保养。两柱式举升机的四个防滑支承垫容易破损，必须经常检查。

（2）部分车辆的四轮挡泥板处另外安装塑胶拱罩，必要时应拆下来清洗，并用高压水枪彻底冲洗挡泥板及翼子板内侧。

（3）排气管因高温不得喷涂底盘涂料。

（4）当发动机室无底托板或底托板破烂时，必须先遮蔽，然后进行底盘涂料的喷涂作业。

三、汽车车轮的美容与保养

汽车车轮是汽车底盘和行驶系里的主要部件，承载车身的重量和路面的颠簸，并保证汽车有良好的乘坐舒适性和行驶平顺性，保证车轮和路面有良好的附着性，提高汽车的牵引性、制动性和通过性。汽车车轮常在复杂和苛刻的条件下使用，它在行驶时承受着各种变形、负荷、阻力以及高低温作用，因此必须具有较高的承载性能、牵引性能、耐磨性能和缓冲性能。同时还要求具备高耐屈挠性，以及低滚动阻力与生热性。

轮胎和轮毂清洁非常重要。汽车依靠轮胎与地面的摩擦力产生驱动力而行驶。由于轮胎与地面的接触，溅起的泥水、尘土、油脂和沥青等使轮胎和轮毂的外表非常脏，从而给漂亮的座驾带来“难堪的面孔”，同时附在上面的一些酸、碱性物质也会慢慢地产生侵蚀作用，使轮胎过早老化、甚至龟裂。轮毂一般为铝合金材质，轮毂会由于空气、水和腐蚀性物质之间对其表面产生的化学作用而引起氧化锈蚀。因此经常清洗轮胎和轮毂，保持其外表的清洁和亮丽显得十分必要。

轮胎和轮毂的清洁并不难，关键是要去除外表的沥青和恢复光亮。轮胎和轮毂清洁时所使用的材料都比较专一，而不能滥用。不然不但清洁效果差，反而会给轮胎和轮毂带来损害。

（1）高压冲洗。用高压水枪冲洗轮胎和轮毂外表以及挡泥板内侧的泥沙和尘土，然后用毛巾擦拭，去除粘附的尘土。

（2）喷涂轮胎清洁剂。轮胎清洁剂不但对橡胶有极强的去污力，而且不损伤轮胎。喷涂 1min～2min 后再用毛巾擦拭。

（3）清洁轮毂。轮毂清洁剂能强力地去除油污和沥青，喷涂后用软毛刷洗刷才不会损伤金属表面。

（4）喷涂光亮剂。轮胎和轮毂清洁后，用水冲洗干净，再用压缩空气吹干，最后喷涂轮胎保护剂，可使两者的外表焕然一新，并且能保持轮胎的柔软和延缓老化。

【评价标准】

（1）发动机、底盘件表面没有灰尘和油污。

（2）轮胎清洁，花纹内不能有石子和硬物，保护剂喷涂均匀。

【思考与练习题】

通过对汽车内饰清洗训练，谈谈你的心得体会。

（1）发动机的外表面上污物非常厚，且用高压水清洗会导致电气元件损坏，应采用什么方法又快又好地清除污物？

（2）当底盘件表面泥垢很厚的情况下，采取什么方法能将其去除？

任务五　汽车漆面养护与修复

【任务描述】

汽车车身面漆是车辆的“衣服”，它是车辆外观装饰及防腐的直接反映。一般都希望汽车涂层具有极好的光泽度，光泽的优劣除与汽车车身外形设计、车身加工的外表精度有关，还与选用的涂料与表面涂层的配套工艺有关。必须进行精心的涂装设计和具有良好的涂装操作环境，才能使表面涂层有优良的装饰性。同时，汽车涂装属于高级保护性涂装，所得的面漆涂膜必须具有优良的耐腐蚀性、耐气候性和耐崩裂性等。

【任务分析】

车身涂层就像人体的皮肤一样，需要经常进行美容保养，才能保持“亮丽的容颜”。车身清洗是最基本的美容方式，虽然简单，其中的学问也是很多的。但是光凭良好的清洗还是远远不够的。因为漆膜要受到紫外线的伤害，会产生各种划痕，会附着各种污物，所以要想预防和修复涂层的各种损伤，就需要进行涂膜深层的护理保养。

【相关知识】

一、汽车车身漆面的基本常识

1．涂料成膜机理

涂料由液态或粉末状态变成固态，在车身表面形成一层均匀薄膜，这一过程称为涂装。汽车漆面涂装最常用的方式有电泳涂装、静电涂装、压缩空气涂装三种。

2．普通漆与透明漆的识别

1）透明漆的特点

透明漆的特点有以下三种：

（1）透明漆美观，光泽度很高。

（2）透明漆护理的好坏，一般是通过“倒影线条”来反映的。

拿一张报纸，放在汽车漆前面，若能从透明漆反射的倒影中读报，说明此车的透明漆表层光滑如镜，护理得好，而普通漆达不到这种效果。

（3）透明漆比普通漆更易受到环境污染的侵蚀。

如汽车尾气中排出的二氧化碳、炭黑、飞机航空油中飘落的杂物，还有酸雨、酸雾、酸雪等。一旦这些杂物落在车上，加上空气中的水分，涂面随即会变成腐蚀透明漆的酸性溶液，稍一加温便开始发生化学反应，侵蚀汽车漆面的保护层。

2）普通漆与透明漆的识别

（1）目测：透明漆光泽的层次比普通漆要深。

（2）试验：用湿布蘸一点研磨剂在车身上不显眼处擦几下，若布上有颜色，则是普通漆；反之，则是透明漆。

汽车漆面美容护理作业中，如果对漆面不易识别，可以按普通漆面处理。

3．车漆受损的常见情况

（1）氧化危害　车漆褪色近99%是因氧化造成的。

车漆都是由有机成分构成的，有机物天生存在着氧化特性。时间一久，车漆自身就会自然而然地发生氧化，车漆就会色彩暗淡、失去光彩，没有新漆光亮、漂亮，俗称车漆的劣化现象。

（2）水垢危害　洗车后留下很多小白点的痕迹就是水垢。

通常洗车都是用自来水或井水，这些水中含有大量的钙、铁等离子。如果洗车后未能及时将洗车水完全擦干，水分蒸发后，洗车水中的钙、铁等成分就会残留在车漆上。这些残留物如果不及时擦干净，会形成很坚硬的斑点，俗称“漆面结石”。“漆面结石”必须用研磨剂或抛光剂轻轻磨去，这样必然对车漆造成磨损。

（3）划痕危害　汽车在行驶过程中，因为速度较快，浮尘中的沙粒就会在车漆上划出一些细微划痕。同样，在洗车时漆面上的一些沙粒会随着洗车海绵在漆面上的摩擦，使车漆产生划痕。细微的划痕增多，就会引起车漆颜色的失光、变暗。车漆的划痕还容易残留污物、酸雨，加速车漆的氧化进程，使车漆更容易变旧。

（4）鸟（虫）粪便危害　鸟、虫到处活动，其粪便很容易落到车漆上，虽然它侵蚀车漆的面积比较小，但由于它具有很强的酸性，会使车漆完全融化，轻者使车漆变色形成斑点，严重时车漆就会出现膨胀、龟裂。

（5）铁粉危害　在工厂附近，尤其是铁路、公路旁的空气中，存在着大量的金属粉尘（俗称铁粉）。汽车停止行驶时，空气中的铁粉会浮落在车漆表面，浮在漆面上的铁粉能够清洗。汽车行驶时，因前进冲力的作用，铁粉会直接刺入漆面。刺入漆面的铁粉用平常清洗汽车的方法无法去除。由于铁的分子结构不稳定，很容易与漆面发生氧化反应。在诸多车漆的有害物质中，对车漆的腐蚀都是从外往里慢慢进行的，唯独铁粉因能刺入漆面，形成的是从外到里、从里到外的快速腐蚀。所以铁粉对车漆造成的侵害是非常严重的。

（6）酸雨危害　酸雨（雾、雪）有较强的氧化性，它能与车漆分子中所有的成分发生化学反应，从而破坏车漆的结构，大大降低车漆装饰效果和防护能力。汽车漆面由于酸雨氧化而造成表面不光滑，甚至出现微小的斑点，再次降雨或洗车时，水滴就会在此停留，造成更加严重的侵害。被酸雨损害的漆面无法恢复到新车状态，即使研磨抛光也无法根除酸雨的破坏。

（7）树胶危害　车停在树下，必然会有树胶落在漆面上，趁不干的时候还能洗掉，若时间一长，树胶凝固在车漆表面就无法洗掉。由于树胶具有很强的酸性，因此会对车漆造成很强的侵害，一般会发生凹坑。严重时还会造成车漆龟裂，一旦出现凹坑或龟裂就很难修复了。

（8）不当护理危害　现在的汽车用漆质量都比较过关，正常情况下在新车出厂后的半年左右车漆才会氧化变色，但由于护理不当就会使车漆在很短时间内（2 个月～3 个月）氧化褪色。

不当护理大致有三种：一是使用了易氧化的产品；二是经常性地抛光研磨，会使漆面越来越薄，最终丧失装饰效果和防护能力；三是干擦车漆表面的灰尘，漆面浮尘一多，很多车主就习惯用毛巾或掸子擦拭，那样会带动漆面上的沙粒划伤车漆。

二、汽车漆面划痕处理

1. 车身漆面产生划痕的原因

车身漆面产生划痕的原因主要有以下几种：

（1）汽车在行驶中，由于摩擦、碰撞等因素，不小心划伤漆面，造成漆面出现深浅不一的划痕，如不及时进行处理，不但会影响汽车的美观，而且会导致车身防腐性和耐磨性的下降，进而影响汽车的使用寿命。

（2）不规范的洗车对漆面造成的伤害。如冲洗车辆时水枪压力过大，清洗程序和手法不正确，表面附有尘埃时，用抹布或毛巾擦拭，都会使车漆表面出现微小划痕。

（3）汽车由于各种事故等发生漆面修补喷漆，在修理厂由于错误的操作或材料选用不当而使漆面产生许多缺陷（橘皮、失光、雾漆等）。

2. 车身漆面划痕的分类

（1）浅划痕　洗车、擦车或轻微摩擦而产生的细划痕，有些用手感觉不出凹处，有些仅伤及表层的清漆层或透明层，对面漆的危害不大。

（2）深划痕　划痕伤及面漆层甚至金属层。

（3）创伤划痕　金属层受到严重伤害的划痕。

3. 车身漆面划痕的处理方法

（1）浅划痕处理　伤及表层的清漆层或透明层，对面漆的危害不大，可以用研磨抛光来局部处理。

浅划痕的处理要根据漆面的状况及划痕的深浅来选择合适的研磨剂。研磨剂通常有三种，即深切研磨剂、中切研磨剂、微切研磨剂。对浅划痕一般采用后两者即可。对一般用手感觉不出凹处的发丝划痕，可以直接进行抛光处理。

（2）深划痕处理　虽然已经伤及面漆层或更深层的金属部位，但伤痕极窄，若出现深划痕，其金属裸露处很快会产生锈蚀并向划痕边缘扩展，增加修复难度。目前漆面深划痕的基本修复方法有漆笔修复法、喷漆法和计算机调漆喷涂法。汽车美容店和车主可以使用漆笔修复法进行修复。喷漆法和计算机调漆喷涂法一般在汽车修理厂完成。

（3）创伤划痕处理　对大面积的创伤划痕，因为已经伤及中涂底漆层或金属层，所以无法用研磨的方法修复，要求采取补漆的方法修复，这需要修理厂的专业喷涂人员处理。

三、汽车漆面护养

漆面保护剂可以保持汽车车身漆面的整洁亮丽，保护车漆。漆面保护剂按其成分不同可分为蜡质保护剂和釉质保护剂两大类。其作用原理是在漆面上形成高分子附着层。有的产品还兼抛光和保护两种功能。

1. 车蜡的正确使用

正确地选择、使用汽车漆面美容蜡是打蜡美容成败的关键。由于各种车蜡的性能不同，其产生的作用和效果也不一样。但是许多人对这方面的认识不足，要么频繁打蜡，要么干脆不打。还有的人认为，车蜡越贵越好，专挑价钱贵的进口车蜡使用，这些做法都是不恰当的。

在选用车蜡时必须慎重，选用不当不仅不能保护车漆，反而会对车身表面产生不良影响，严重的还会令车漆褪色或变色。一般情况下，应根据车蜡的作用特点、车辆的新旧程度、车漆颜色及行驶环境等因素综合考虑。名贵轿车选蜡时更应慎重，新的车蜡都是水性粉质，擦后光亮爽洁、不易粘尘、耐久性长。

车蜡的选择应考虑以下几种因素：

（1）根据汽车的行驶环境来选择。由于车辆的运行环境千差万别，受外界污染物侵害的方式、程度也不相同，因而在车蜡的选择上对汽车漆面的保护应该有所侧重。例如，若汽车经常行驶在泥泞、山区、尘土等恶劣道路环境中时，应选用保护性能较强的硅酮树脂蜡；沿海地区宜选用防盐雾功能较强的车蜡；而化学工业区宜选用防酸雨功能较强的车蜡；多雨地区宜选用防水性能优良的车蜡；光照好的地区宜选用防紫外线、抗高温性能优良的车蜡。

（2）根据漆面的质量来选择。对于中高档的轿车，其漆面的质量较好，宜选用高档车蜡；对普通轿车或其他车蜡，可选用一般车蜡。

（3）根据漆面的新旧程度来选择。新车或新喷漆的车辆，应选用上光蜡，以保持车身的光泽和颜色；对旧车或漆面有漫射光痕的车辆，可选用研磨蜡对其进行抛光处理后，再用上光蜡上光。

（4）根据季节不同来选择。夏季一般光线较强，宜选用防高温、防紫外线能力强的车蜡。

（5）其他事项。选用车蜡时还必须考虑与车漆颜色相适应。一般深色车漆选用黑色、红色、绿色系列的车蜡，浅色车漆选用银色、白色、珍珠色系列的车蜡。

2．漆面汽车封釉的基础知识

釉实际上是一种从石油副产品中提炼出来的抗氧化剂。其特点是防酸、抗腐蚀、耐高温、耐磨、耐水洗、渗透力强、附着力强、光泽度高等。

汽车封釉就是采用柔软的羊毛或海绵用振抛机的高速振动和摩擦，利用釉特有的渗透性和黏附性把釉分子强力渗透到汽车表面油漆的毛孔内，使釉分子在车漆表面形成独特牢固的网状保护层，使车漆表面也具备釉的上述特点，从而起到美观和对车漆保护的作用。

漆面封釉的好处如下：

（1）釉剂不溶于水。由于汽车打蜡时所使用的蜡都是溶于水的，因此如果汽车刚刚打完蜡后碰上阴雨天气，打上的蜡就会被雨水所溶解，起不到保护漆面和美容的作用。同时由于蜡可溶于水，打完蜡后给洗车也造成了诸多不便。而釉剂使用后会在车漆表面渗透并形成带固化剂的液体玻璃，而且层层积累，不溶于水。因此，汽车封釉后，不用担心被水溶解的现象发生，可以长期保护汽车漆面。

（2）不损坏原有漆面。和打蜡相比，封釉的第二个优点就是不会损坏汽车漆面。由于传统的汽车打蜡都要先洗车后打蜡，频繁的洗车自然会对汽车漆面造成危害，久而久之就会使蜡层变薄。而釉剂则是采用一种类似纳米的技术，使流动的釉剂在汽车漆面表层附着并以透明状硬化，相当于给汽车漆面穿上一层透明坚硬的“保护衣”，因此可以起到保护汽车漆面的作用。

（3）保护时间长。汽车封釉之后，可以保护一年左右，同时避免了经常洗车的烦恼。汽车表面上的灰尘可以轻松擦去。

（4）独有的漆面保护性和还原性。釉剂具有独有的漆面保护性和还原性，达到从根部护理，有效去除污垢，渗透填塞漆孔的功能。

汽车封釉后就如同穿上了“隐形玻璃车衣”，漆面能够达到甚至超过原车车漆效果。釉表面不粘、不附着的特性，使得漆面即使在恶劣和污染的环境中也能长久保持洁净。汽车封釉还可以有效抵御温度对车漆造成的影响，使漆面硬度得到大幅度的提高，同时还有防酸、防碱、防褪色、抗氧化、防静电、抗紫外线、高保真等功能。对新车进行封釉美容可以延长车漆的使用寿命，减缓褪色，使车漆光彩永驻。当然，如果能对旧车封釉，其效果就更明显。旧车封釉可以使氧化褪色的车漆还原增艳，具有翻新的效果。实验表明，汽车封釉后，漆面可以经受高达 320℃的高温。在硬度方面，如果金刚石的硬度为 10 分，汽车漆面的硬度只有 0.4 分，封釉后汽车漆面的硬度可以提高到 7 分左右。

【任务实施】

一、汽车漆面打蜡护理

为了保证汽车的打蜡效果，打蜡的程序也是至关重要的。具体操作步骤如下：

1．汽车清洗

汽车打蜡前，必须对车辆进行彻底清洗，去除污渍，将车体清洗、擦干后再上蜡，否则用再好的车蜡，打上也没有光泽。如果车身表面的油漆已经褪色或氧化，必须在清除旧的和氧化了的油漆后，才能打蜡。

2．上蜡

上蜡可分手工上蜡和机械上蜡两种。

手工上蜡简单易行，目前各大汽车美容店使用较多；机械上蜡效率高。

无论是手工上蜡还是机械上蜡，都要保证将蜡在漆面上涂抹均匀。不要涂太多的蜡，太多的蜡只能增加抛光工作量，而且还容易粘灰尘，抛光时会产生刮痕。

（1）手工上蜡。手工上蜡时应按一定的顺序进行。首先将少量的车蜡挤在专用的打蜡海绵上，保证每次处理的面积一定，以画小圆圈的方式涂蜡，不可大面积涂抹。打蜡时手的力度要均匀，不必使劲擦，以大拇指和小拇指夹住海绵，以手掌和其余三个手指按住海绵进行均匀的环形顺序上蜡。圆圈的轨迹沿车身前后移动，具体顺序是右前机盖、右前翼子板、右前车门、右后车门、右车顶、右后翼子板、后备厢，左半车身与右半车身顺序相同，蜡膜尽量做到薄而均匀。每道涂布相应与上道涂布区域有 1／5～1／4 的重叠，防止漏涂。

（2）机械上蜡。机械上蜡时将车蜡涂在打蜡机的海绵上，具体涂布过程与手工相似，打蜡机的转速应控制在 150r/min～300r/min 之间。值得注意的是在边、角、棱处的涂布应避免超出漆面，而在这方面手工涂布更容易把握。

3．抛光

根据不同车蜡的说明，一般上蜡后 5min～10min 蜡表面开始发白，用手背感觉车蜡的干燥程度，当刚刚干燥而不粘手时即可以进行抛光，如图 1-5-1 所示。

抛光时遵循先上蜡后抛光的原则，且确认抛光后的车表不受污染。

图 1-5-1　汽车漆面打蜡抛光操作示意图

抛光可以用手工抛光或抛光机抛光。手工抛光通常使用不脱毛纯棉毛巾直线往复式擦拭，适当用力按压，以清除剩余车蜡。抛光机抛光时，抛光机的转速应控制在 1000r / min 以下。

打蜡的注意事项如下：

汽车打蜡的质量好坏，不但与车蜡的品质有关，而且与打蜡作业方法密切相关。要做到正确打蜡，在汽车打蜡时应注意以下几点：

（1）掌握好上蜡的频率。由于车辆行驶的环境与停放场所不同，打蜡的时间间隔也应有所不同。一般有车库并经常在环境良好道路上行驶的车辆，每 3 个月～4 个月打蜡一次，不然则应 1 个月～2 个月打蜡一次。但这并非硬性规定，一般通过目视或用手触摸车身，感觉发涩无光滑感时就可以再次打蜡。

（2）打蜡前应使用专业洗车液清洗车身。一定要用专业洗车液清洗车身外表的泥土和灰尘，切记不能盲目使用洗涤液或肥皂水。

（3）在打蜡作业中绝对要防止烤漆面被刮伤。打蜡作业中要求操作人员将手表、戒指之类的物品最好全部摘下来。

（4）应在环境清洁、阴凉且无风沙处给汽车打蜡。当漆面过热或强烈阳光直射时不可打蜡。因为阳光的直射会使车表温度升高，车蜡附着能力下降。如果打蜡场所及周围环境不清洁，沙尘会在车身上附着，不但会影响打蜡质量，而且极易产生划痕。

（5）打蜡作业要在规定时间内完成。打蜡时，应该用打蜡海绵按顺序在车体上直线往复式进行，不可把蜡液倒在车上乱涂。一次作业要连续完成，不可涂涂停停。

（6）抛光作业要在规定时间内进行。切记不要刚打上蜡就抛光，要让车蜡能够在车漆表面上有一定的凝固时间，且抛光运动也是直线往复式。未抛光的车辆绝不可上路行驶，不然要再抛光，易造成漆面划伤。

（7）如发现漆面破损应停止打蜡。打蜡时，若打蜡海绵上出现与车漆相同的颜色，可能是漆面已经破损，应停止打蜡。必须在清除掉褪色和氧化漆后，才能进行打蜡作业。

（8）应采用柔软的海绵涂蜡。涂蜡时尽量采用柔软的海绵或软质的不脱毛毛巾或棉布进行均匀涂抹。

（9）不可在玻璃上涂蜡。不要在车窗和风挡玻璃上涂蜡，不然玻璃上形成的油膜很难擦除干净。

（10）打蜡作业结束后应仔细清除残蜡。抛光结束后要仔细检查，清除厂牌、标识内的空隙及钥匙孔周围、纤细的边缘或转角部分、铁板与铁板之间、橡胶制品的边条缝、车牌、车灯、门边等处的残存车蜡，以防止产生腐蚀。

二、汽车漆面封釉护理

封釉所需的主要设备和工具有：封釉振抛机、美容去污黏土、麂皮或专业无尘纸、纸胶带等。

汽车封釉工序有：脱蜡清洗、美容去污黏土去除氧化层、全车贴防护胶条、抛光处理、还原处理、封釉、红外线灯烤和后处理等工序。

1．脱蜡清洗

为保证封釉效果，封釉前必须用脱蜡洗车液对车身表面进行车身清洗，注意不要有污物残留。因残留物会在擦拭车身时造成摩擦而损坏车漆，稍不注意就会损伤其光洁度。车身表面清洗擦干后，还要用压缩空气把洗车时在车体接缝处残留的水吹净。

2．美容去污黏土去除氧化层

脱蜡清洗后，用美容去污黏土去除污物。

3．全车贴防护胶条

汽车清洗干净后，要用胶条把车身上所有与漆面相邻的金属件和橡胶件的边缘部分以及诸如车标、字母等都粘贴起来。如果有塑料护板，也一定要用报纸把护板挡起来，以免抛光时损伤，以及后续工序可能对这些部位造成污染、腐蚀、残留等不良影响。

4．抛光处理

看漆面是否有氧化层和划痕。如果有，要先对车身漆面进行抛光处理，如图 1-5-2 所示。抛光完成后，再把车身清洁干净，把车开到无尘车间，等待封釉。

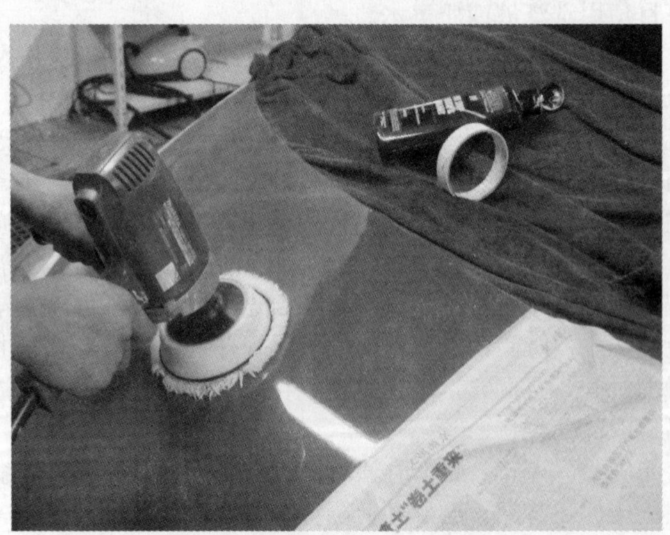

图 1-5-2　使用抛光机进行漆面氧化层处理操作示意图

5．还原处理

使用抛光机配以抛光轮、还原剂或增艳剂，抛光机在漆面上旋转的同时产生静电，发生还原反应，将漆面细微缝隙中的脏物吸出，使车漆还原回原新车漆的状态。用增艳剂，可以将增艳剂渗透到车漆内部，达到车漆增艳如新的效果。同时还可以将车漆表面细小的划痕磨平。

6．封釉

将釉剂摇匀，把少量的釉倒在车身上，用封釉振抛机将上釉区域的车表釉液蘸涂开，然后轻轻下压，开机，转速控制在 2200r/min～2500r/min 之间，均匀涂抹釉液与车表形成薄薄一层的糊状物。封釉振抛机应走直线，如先纵向涂抹一次，再横向重复涂抹一次，至釉液充分渗透吸收到漆面内。釉充分渗入漆面干透后，用不脱毛纯棉毛巾或干净的擦车巾轻轻擦去外表多余的粉末使其干净。此刻车表已光亮柔滑。

7．红外线灯烤

封釉后的车辆在红外线烤房内用红外线烘烤 10min～15min，其目的是为了使釉更好地渗入漆面。

8．后处理

封釉后车身上的细小划痕都会被遮盖住。把胶带纸、报纸等撕掉，并用麂皮或专业无尘纸处理干净被粘贴表面。

新车封釉施工工艺顺序一般为：彻底清除车身漆面的蜡剂与污垢、美容去污黏土去除氧化层、抛光、还原、封釉、红外线灯烤、专业无尘擦拭。

封釉注意事项：

封釉工艺的注意事项有如下几点：

（1）封釉后 24h 内切记不要用水冲洗汽车。因为在这段时间内，釉层还未完全凝结，将继续渗透，冲洗将会冲掉未凝结的釉。

（2）封釉后尽量避免洗车。釉剂可防静电，因此日常护理用鸡毛掸就可以轻松去除车身上的灰尘。

（3）封釉后不要再打蜡。因为蜡层可能会粘附在釉层表面，使下次再上釉时因蜡层的隔离而影响封釉效果。

（4）漆面封釉，会使车漆表面如同罩上一层很强的保护膜，延长漆面寿命，因此一年之内可以不用打蜡。洗车会破坏封釉，尤其不要到计算机控制洗车房洗车。洗车时不要用碱性洗涤液清洗，要用中性洗涤液，以防破坏封釉效果。

（5）封釉时一定要选择优质釉。

三、漆笔修复漆面划痕

1．清洁划痕

用专用清洁剂清洁划痕，去除划痕处的污垢、残蜡。如果划痕污垢附着顽固，可以用牙签或细金属丝剔除。

2．贴遮蔽纸

将遮蔽纸仔细地贴在划痕周围，将划痕围在胶带中心，这样可以有效利用漆料，同时又不会使漆料涂在其他地方，减少事后清理的工作。

3．用色漆修补笔修补

色漆修补笔有数百种不同的颜色，选择与面漆颜色相同或相近的专用修补笔进行补漆。修补时，先将漆笔内的漆料摇匀，然后旋开盖子，取出里面的笔刷，蘸取适量涂料，始终由左向右保持一个方向，在划痕处刷上漆料；如感觉划痕较深，可在第一次涂抹后，当观察到漆料已干后再反复刷涂；修补的部位要稍微凸出一点，以留出修磨余量；在确认漆面已经较平整后，将漆笔盖盖好，防止漆料挥发。如果没有专用补漆笔，可以用毛笔调色补漆。

4．修磨

待补漆干燥后，一般约需 20min，用 P2000 砂纸蘸水轻轻打磨，直至修补部位平整、光滑。

5．喷晶亮清漆

在修补部位喷上一层晶亮清漆，以使漆膜光亮饱满，与原漆融为一体。

6．上蜡处理

涂层干燥后，揭去遮蔽纸，选择合适的手蜡，轻轻涂抹、抛光，即可恢复光亮。

【知识链接】

车漆镀膜

所谓车漆镀膜就是在漆膜表面涂镀一层硬度高、弹性好、抗氧化的保护膜。这种保护膜所用材料既不含任何石油成分，又不含研磨材料，而是由金属原子、氟元素高分子体及透明纤维分子采用特殊工艺精制而成。具有防护能力强、强度超高、光洁明亮、清洗方便、无副作用、效果持久等特点，彻底克服了以往漆膜保护产品容易氧化的不足。经过镜面镀膜技术处理后，汽车外表的镜面亮度明显提高，保护膜本身的硬度可为普通漆膜的 4 倍～5 倍，其持久性为打蜡的 100 倍，为封釉的 12 倍。而且至少在 2 年内，洗车维护不需要任何清洁剂，仅用清水冲洗就能清除污垢。

【评价标准】

（1）漆面划痕深度处理后，光滑如新。

（2）汽车漆面护养后，镀层均匀、致密。

【思考与练习题】

通过对漆面养护的训练，谈谈你的心得体会。

（1）如何进行车辆漆面打蜡护养？

（2）为什么在车辆抛光处理前进行全车贴防护胶条的操作，有什么作用？

（3）总结对漆面进行抛光和还原处理的操作步骤？抛光机的转速和抛光剂的选择有什么关系？

（4）总结漆面封釉的操作要领？

任务六　汽车玻璃的美容与保养

【任务描述】

汽车玻璃犹如一辆汽车的窗口，而且在汽车的整体安全上也扮演了一个重要的角色。近几年来，随着汽车玻璃技术的不断发展，汽车玻璃的科技含量也越来越高，功能也在不断完善。

【任务分析】

广大车主往往对汽车玻璃的保养重视不够。然而，汽车玻璃是关系到行车安全的重要因素，是驾驶员最容易感受得到的。明亮、坚固的车窗给车主带来一个安全的行车保障、一片清晰的行车视野、一份舒畅的驾车心情。冬天汽车风挡玻璃上很容易结冰霜，夏天汽车风挡玻璃上经常会有很多虫胶，春夏秋冬无数的灰尘有时给驾驶员造成很大的麻烦。所以，对汽车玻璃的正确和及时的保养是必不可少的。

【相关知识】

一、汽车玻璃

现代轿车外形的发展与玻璃工艺的发展息息相关，人们总是从汽车安全和外观的角度去研究和开发汽车玻璃，不断推出新的品种。

1．汽车玻璃的选用标准

一般的汽车采用硅玻璃，其中的主要成分二氧化硅含量超过 70%，其余由氧化钠、氧化钙、镁等组成，并通过浮法工艺制成。在制作过程中，材料加热到 1500℃时融化，当溶液通过 1300℃左右的精炼区时，将其浇注到悬浮槽上，冷却到 600℃左右，在此阶段形成质量特别好的平行的两面平面体，再通过冷却区域后形成玻璃并被切割成规定的尺寸。然后玻璃进一步加工成钢化玻璃或夹层玻璃。加工完毕的成品汽车玻璃，从外观上看应没有明显的气泡和划痕。

2．前风挡玻璃

汽车玻璃以前风挡玻璃为主。许多轿车风挡玻璃还使用镀膜、采用反射涂层工艺或改善玻璃的成分。只允许太阳可见光进入车厢内，有效地挡住紫外线和红外线，在很大程度上减轻了乘客受到的炎热之苦。

3．汽车玻璃的种类

随着汽车玻璃技术的发展，满足不同功能的新型汽车玻璃陆续出现，下面介绍几种汽车上使用的特殊类型玻璃。

（1）中空玻璃　中空玻璃是由两片或多片浮法玻璃组合而成，玻璃片之间夹有填充了干燥剂的铝合金隔框，用丁基胶粘接密封后，再用聚硫胶或结构胶密封。

（2）包边玻璃　包边玻璃是汽车安全玻璃的总成化产品。玻璃包边设计不仅体现了汽车厂家对审美的要求，同时也使玻璃与车体更紧密地结合在一起，具有提高汽车生产线装配效率、缩短装配周期、增强玻璃强度、提高密封性和降低噪声等优点。

（3）防弹玻璃　防弹玻璃是指由三层以上的玻璃与 PVB 胶片组合所产生的夹层玻璃，可以成功抵御子弹的穿透及子弹击碎产生的玻璃碎片的伤害。

（4）憎水玻璃　使用憎水玻璃，在下雨时，雨水会迅速从上方滑出风窗玻璃的范围。可以拓宽驾驶者的视野，减少事故的发生。

（5）天线玻璃　天线玻璃是指在玻璃夹层中夹有很细的铜丝，用以取代拉杆天线。可以避免天线拉杆拉进拉出的麻烦，又不致发生腐蚀。

二、防雾与防水处理

汽车内外温差大，玻璃内侧容易形成雾层，严重影响驾驶员的视线。大雾天气，在风挡玻璃和后视镜上又极易形成细水珠，不利于行车安全。

对汽车玻璃进行防雾和防水处理，可以解决上述问题。但要注意，如果湿气不是太重，不要轻易涂抹防雾剂，因为涂抹不当反而会造成炫目、模糊。

1. 风挡玻璃的防雾与防水

在喷湿风挡玻璃防雾剂、防水剂前，要用玻璃清洁剂彻底清洁风挡玻璃的内外侧，待清洁干净后进行以下操作：

（1）在风挡玻璃内侧均匀涂上风挡玻璃防雾剂。

（2）在风挡玻璃外侧均匀涂上风挡玻璃防雨剂。

（3）待防雾剂、防雨剂干透后，用软布擦拭干净，直至玻璃透明光亮。

2. 后视镜的防雾与防水

后视镜的防雾与防水可采用与前风挡玻璃相同的工艺，即先喷涂玻璃清洁剂，然后用干净的软布轻轻擦拭，最后喷涂一层防雾剂，即可保持后视镜在很长一段时间内具有防雾、防水的功能。

【任务实施】

玻璃清洁操作步骤如下：

（1）用洗车香波清洗车身，玻璃上附着的沙粒、尘土等污物在浸润后被高压水流冲走。如果只清洁玻璃，可先在玻璃上喷洒清水，用手触摸，感触较大尘粒的程度，可用专用刮刀将其刮除干净。

（2）用海绵蘸上适量玻璃清洁剂，均匀地擦拭玻璃的内外表面，静置一段时间，待已擦抹的表面变白后，再用干净柔软的棉布擦拭，除去表面尘污。

（3）对于前风挡玻璃和后视镜，将风挡玻璃抛光剂涂满整个玻璃，稍待片刻，再用干净的软布做直线擦拭，直到将玻璃擦亮。

（4）后风挡玻璃内侧因有防雾除霜栅格，所以不能用风挡玻璃抛光剂处理。清洁后风挡玻璃时千万要小心，不可破坏防雾栅格，只能用软布配合玻璃清洁剂进行横向仔细擦拭。如果不慎破坏了防雾除霜栅格，可用修复工具将断裂处用导电涂料粘接起来。

（5）贴有防爆太阳膜的玻璃，有些只能用玻璃清洁剂处理贴膜面，不能用风挡玻璃抛光剂，不然不但不能清洁玻璃，反而会将膜面擦出划痕，影响采光效果。玻璃外侧和倒车镜可以采用风挡玻璃抛光剂进行处理，效果更加理想。

玻璃清洁注意事项：

汽车玻璃的清洁护理注意事项如下：

（1）玻璃上粘附的污斑、昆虫和沥青等污物，不能用刀片或弹簧刀等铁质材料刮除，以防划伤玻璃，也不能用砂纸研磨来去除。

（2）不仅是外侧，玻璃的车内部分也必须擦拭干净，防雾除霜栅格必须横向擦拭，不然容易弄断电热线材。

（3）玻璃清洁干净后，必须再喷涂玻璃上光保护剂。喷涂玻璃上光保护剂可以有效防止玻璃表面污物、油膜的再附着。但要注意在前风挡玻璃上不要使用含硅酮的玻璃保护剂，以防雨水刮片因干摩擦而缩短寿命。

（4）检查雨刮片质量，当老化或破损时要及时更换。

（5）检查刮水器储水箱水量，不足时应及时添加。

（6）全车打蜡作业完毕后，需要检查刮水器喷水嘴是否喷水良好。

【评价标准】

汽车玻璃上没有污物、泥点。

【思考与练习题】

通过对汽车玻璃的美容与保养训练，谈谈你的心得体会。

总结汽车玻璃清洁美容的操作要领。

项目二 汽车装潢电器安装与调试

【项目描述】

汽车装潢电器是满足一部分开车人个性化要求，在不改变原车电气设备功能和线路排布的基础上，按照施工标准，严格执行工艺规范，添加装潢电器，如在车门和后备厢门上安装中控锁，给车辆添加防盗器，实现一键开、落锁；车辆被非法入侵后转向灯闪烁，防盗器喇叭鸣叫报警；车辆启动后当车辆速度达到设定限值后或踩踏一次刹车踏板后自动落锁，保证行车安全；发动机熄火后自动开锁等一系列非常实用的功能。

【知识目标】

（1）掌握各装潢电器的功能和使用调试。

（2）结合装潢电器电气工作原理，根据汽车装潢电器厂家提供的安装手册，对原车电路进行全面分析后，制定操作方案和施工工艺。

（3）对装潢电器出现的常见故障进行判断分析后及时排除。

【技能目标】

按照操作方案和施工工艺的要求，在原车线束中查找各种装潢电器工作需要的触发信号线，与装潢电器控制盒对接，通过控制盒驱动各执行单元，实现装潢电器各功能，并将装潢电器控制盒和执行器安装在安全可靠、防潮隐蔽的地方，保证原车内饰美观。

任务一　中控锁、防盗器安装与调试

【任务描述】

在掌握原车门锁系统开、闭锁功能的基础上，理解系统电气原理，按照中控防盗系统厂家提供的线路接线说明，分析现有车型中控功能实现的要求及电路特点，制定中控防盗系统安装施工方案并按照施工工艺认真细致的完成以下内容：拆卸内饰门板分析线路排布安装为施工做准备；查找各信号触发、ACC、12V电源及搭铁并与中控防盗系统中控盒连接；将触发电动机及挂钩安装在车门锁系统上，并将控制线路与中控盒连接；将震动传感器、天线、喇叭、闪光器与中控盒连接，并注意将中控盒等器件安装固定可靠、保证原车内饰简洁美观。

【任务分析】

按照客户对中控锁、防盗器的功能实现和技术要求，进行任务分解。第一类客户原车为机械式门锁系统，需要安装中控锁和防盗器两个单元，此类型需要对机械式门锁系统的功能进行分析，确定触发电动机安装位置，按照厂家提供的电路图，分析触发类型，将各触发信号与中控盒对接，由中控盒驱动触发电动机及喇叭，实现开闭门锁和闪烁、鸣叫报警功能。第二类客户原车已经有中控门锁及发动机防盗系统，需要安装防盗器实现闪烁、鸣叫报警功能，此类型应对原车中控系统进行分析，与前一类型不同的是增加了从原车中控系统电路中获得门锁“开”和“闭”信号，将该信号与中控盒连接，加装震动传感器、天线、喇叭，由中控盒驱动闪光器和喇叭，实现报警功能。第三类，原车已经安装中控防盗系统，但由于使用比较频繁，驱动电动机不能有效实现门锁“开”和“闭”的功能，需要根据电路添加触发，增加驱动电动机与原电动机合并工作，实现门锁开闭功能。

【相关知识】

一、门锁机械部分功能分析

1．机械式门锁的类型

机械式门锁包括舌簧式、钩簧式、卡板式、齿轮齿条式、凸轮式等。其中卡板式门锁应用最多。

（1）舌簧式门锁　它的结构是利用锁舌与挡块的啮合与脱开来锁紧或开门。锁舌是做直线往复形运动，该门锁装有锁止机构，以防止车辆行驶时车门自开。它的优点是结构简单，安装方便。缺点是关门费力，噪声大，锁舌与挡块易磨损，一般用于载货汽车。

（2）钩簧式门锁　它的结构是利用锁钩与挡块的啮合与脱开来锁紧或打开门锁，锁钩做摆式运动，由内外手柄操纵，关门时比舌簧锁用力要小。

（3）卡板式门锁　卡板式门锁是利用义形卡板与柱销的啮合或脱开来锁紧或打开门锁，它具有机械式门锁的全功能。卡板式门锁受力平稳、冲击性小，结构紧凑、生产工艺性、可靠性、耐久性和维修性好，强度高、定位准，其部分部件可用增强塑料制造，质量轻小、噪声低。适用于各种车型。

（4）凸轮式门锁　凸轮式门锁挡块在车门立柱上，凸轮装在手柄轴上，当凸轮进入挡块的缺口后，门锁即处于锁紧状态。由于挡块对凸轮的反作用力是通过凸轮旋转中心，因而不会使凸轮转动，凸轮式门锁结构简单开门轻便，但对车门的装配要求较高。

2．车门门锁机械部分功能分析

汽车门锁是由多个构件以一定的运动副连接起来的较复杂的空间机构，它是汽车的重要附件。下面以卡板式门锁为例，分析车门门锁机械部分的功能。卡板式门锁由锁紧机构部分、外开启机构部分、内开启机构部分、外锁止机构保险部分、内锁止机构保险部分组成，其机构如图 2-1-1 所示。

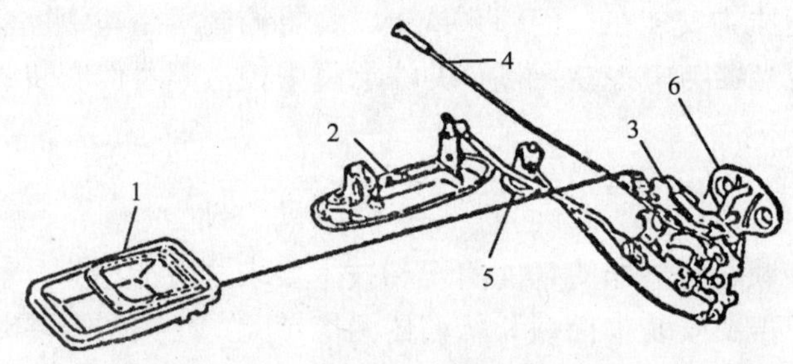

图 2-1-1　卡板式门锁机构示意图

1—内开启手柄；2—外开启手柄；3—锁机部分；4—内锁止拔销；5—锁芯和连杆；6—锁柱。

当我们用力关闭车门时，由于惯性力，锁机部分的棘轮部分撞向锁柱，受到锁柱给棘轮的反作用力，棘轮绕回转中心摆动，卡扣由弹簧拉紧锁住了棘轮，棘轮上的弹簧被压缩储存能量，此时进入啮合状态即进入锁紧状态。如果撞向锁柱力量较小、弹簧调校比较硬或整个锁紧机构动作卡涩，卡扣进入第一锁止台阶，如图 2-1-2（a）所示，即半锁止状态。如果撞向锁柱力量足够，卡扣进入第一锁止台阶后瞬即进入第二锁止台阶，即全锁紧状态。当拉动内开启手柄或外开启手柄时，卡扣和棘轮分离，棘轮上弹簧力量被释放，棘轮摆动，与锁柱分离，拉门后实现开锁，如图 2-1-2（b）所示。

当进入全锁紧状态后，即便由于路面颠簸或其他情况导致卡扣与锁止台阶脱离，受弹簧力的作用，进入半锁紧状态，车门也不会打开，起到了安全保护的作用，这也是国家标准对车门门锁设计的要求。

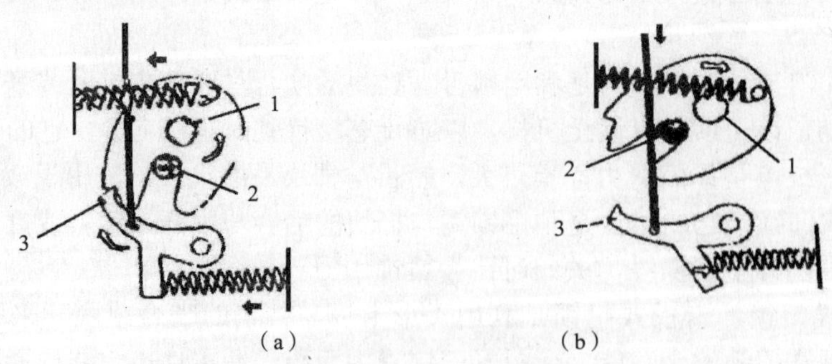

图 2-1-2　卡板式门锁半锁紧动作状态示意图

1—棘轮；2—锁柱；3—卡扣。

当进入全锁紧状态后，通过内锁止拔销或锁芯和连杆，切断了内开启手柄和外开启手柄与卡扣的联结关系，如图 2-1-3 所示。此时无论怎样拉动内外手柄均不能打开车门，只有当内锁止拔销或锁芯和连杆解除对卡扣的锁止后，才可以开启车门。

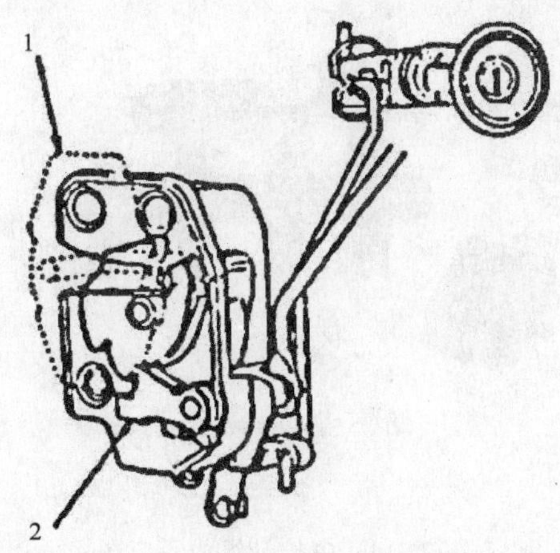

图 2-1-3　卡板式门锁全锁紧状态示意图

1—锁柱；2—卡扣。

通过对车门门锁机械部分功能的分析，可以得知当车门关闭后，通过电机带动内锁止拔销上下运动即能实现锁门的功能。

二、中控锁和防盗器的功能分析

1．中控锁的功能分析

（1）中央控制　当驾驶员锁住其身边的车门时，其他车门也同时锁住，驾驶员可通过门锁开关同时打开各个车门，也可单独打开某个车门。

（2）速度控制　当行车速度达到一定时，各个车门能自行锁上，防止乘员误操作车门把手而导致车门打开。

（3）单独控制　除在驾驶员身边车门以外，还在其他门设置单独的弹簧锁开关，可独立地控制一个车门的打开和锁住。

2．防盗器的功能分析

（1）防盗设定与解除。其主要作用是警戒车辆，以防被盗或受侵害。

（2）全自动设防。若车主忘记设防，防盗器将自动进入防盗警戒状态。

（3）静音设防与静音解除。适合于夜间、医院及特殊环境下使用。

（4）寻车功能。可在停车场内协助车主找车。

（5）求救功能。在行驶中，长按键 2 秒，喇叭鸣叫 30 秒，方向灯同步闪光，发出呼救信号，按任意键停止。

（6）震动感应器自动关闭。若遇恶劣的天气，在汽车处于安全环境下，使用此功能可减少误报和噪声。

（7）行车的控制功能。点火起动后车门自动锁上，熄火后车门自动开锁，车辆使用安全，特别适合于小孩常坐的车辆。

三、中控锁和防盗器系统结构与原理

1．中控锁结构与原理

中控锁由主机、锁具、线束、连杆卡钩等组成，如图 2-1-4 所示。

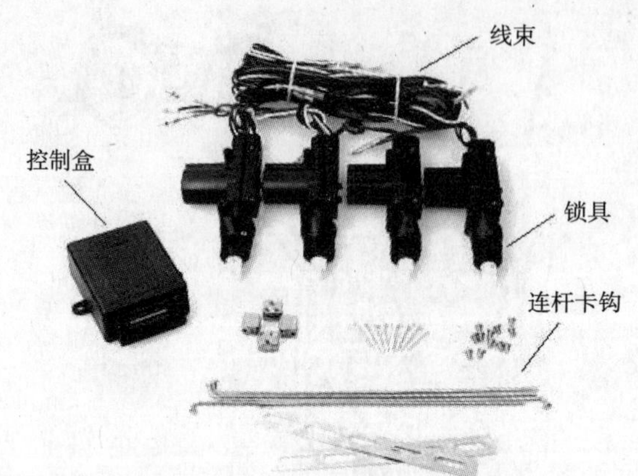

图 2-1-4　中控锁组成示意图

中控锁工作部分（锁具）为一个线圈驱动或电机驱动机构，改变线圈或电动驱动机构的电流流向控制开锁或落锁拉杆上下运动方向，拉动内锁止拔销，实现开落锁功能。通常有两个引线，当一个接电源的正极，另一个接电源的负极时，中控锁控制门锁机构开锁。反之，当正负极互换时，则会落锁。

中控锁控制部分是门锁执行机构提供锁止/开启脉冲电流的控制装置，当接收到控制信号后，完成对中控锁工作部分的驱动。

控制信号主要有车速信号、遥控钥匙信号、主驾车门门锁位置信号、发动机点火信号和时间延时信号。控制器只要接收到车速信号，感应开关检测到车速超过 10km/h、遥控落锁信号，主驾车门门锁落锁信号和车门关闭后时间延迟信号就会驱动工作部分落锁。当检测到发动机熄火、遥控开锁信号、主驾车门门锁开启信号后控制器会驱动工作部分开锁。

2．防盗器结构与原理

防盗器由遥控器、主机（控制盒）、LED 警示灯、天线、传感器、语音喇叭、熄火继电器、充电器和线束组成，如图 2-1-5 所示。其在汽车上的分布如图 2-1-6 所示。

图 2-1-5　防盗器器件构成示意图

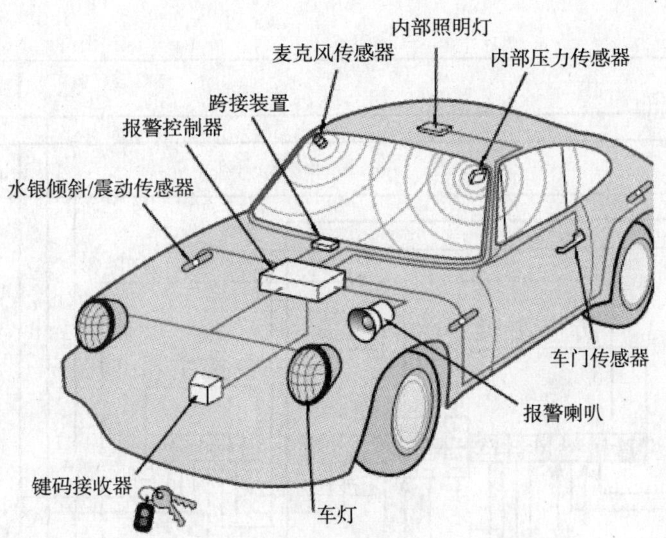

图 2-1-6　防盗器分布器件示意图

其工作原理为遥控器设定防盗后，控制盒接收各传感器信号，目前常见的是车门传感器信号和震动传感器信号。当出现非法打开车门或是因撬锁产生震动时，由控制器驱动报警喇叭鸣叫、危险报警闪光灯闪烁产生阻止作用。

现阶段防盗器产品均带有中控锁功能，将中控和防盗功能合二为一。关于电路分析及安装均以这种类型介绍。

四、中控锁和防盗器电路分析

在左前门电机为双向，图 2-1-7 铁将军防盗器（负触发）接线图中左前门电机 1 端子接搭铁和 2 端子接 12V 电源，电机齿条伸出，执行解锁，接线中 2 端子接搭铁和 1 端子接 12V 电源，电机齿条收回，执行落锁，只要中控主机 5、6 端子控制 12V 和搭铁切换，即能实现左前门电机解锁和落锁功能。将其他车门电机的 1 端子和 2 端子与左前门电机 1 端子和 2 端子并联，即能实现所有车门同时解锁和同时落锁的功能。在左前门电机的 6、7 端子是解锁和落锁信号，可以告知中控主机现在左前门电机所在位置，便于控制解锁和落锁。4 端子是搭铁线。左前门电机含有控制电路为 5 引线，其他车门为 2 引线，如图 2-1-8 所示。

图 2-1-7 中，边门开启信号为负触发。“触发”边门触发接线的性质。在防盗器的接线中，有 4 和 7 端子要接边门触发，这根线是防盗器的信号输入线，只要有人开门防盗器就能知道并报警，安装时根据车型在主机选择正确的触发方式。

正触发是 12V 电源经过边门开关，经过边门顶灯，再搭铁。从边门开关和边门顶灯之间引蓝色线，车门打开，边门开关接通，边门顶灯亮，蓝色线上是 12V 的电压降；车门关闭，边门开关断开，边门顶灯熄灭，蓝色线上是 0V 的电压降。负触发是 12V 电源经过边门顶灯，经过边门开关，再搭铁。从边门开关和边门顶灯之间引蓝色线，车门打开，边门开关接通，边门灯亮，蓝色线上是 0V 的电压降；车门关闭，边门开关断开，边门顶灯熄灭，蓝色线上是 12V 的电压降；如图 2-1-9 所示。

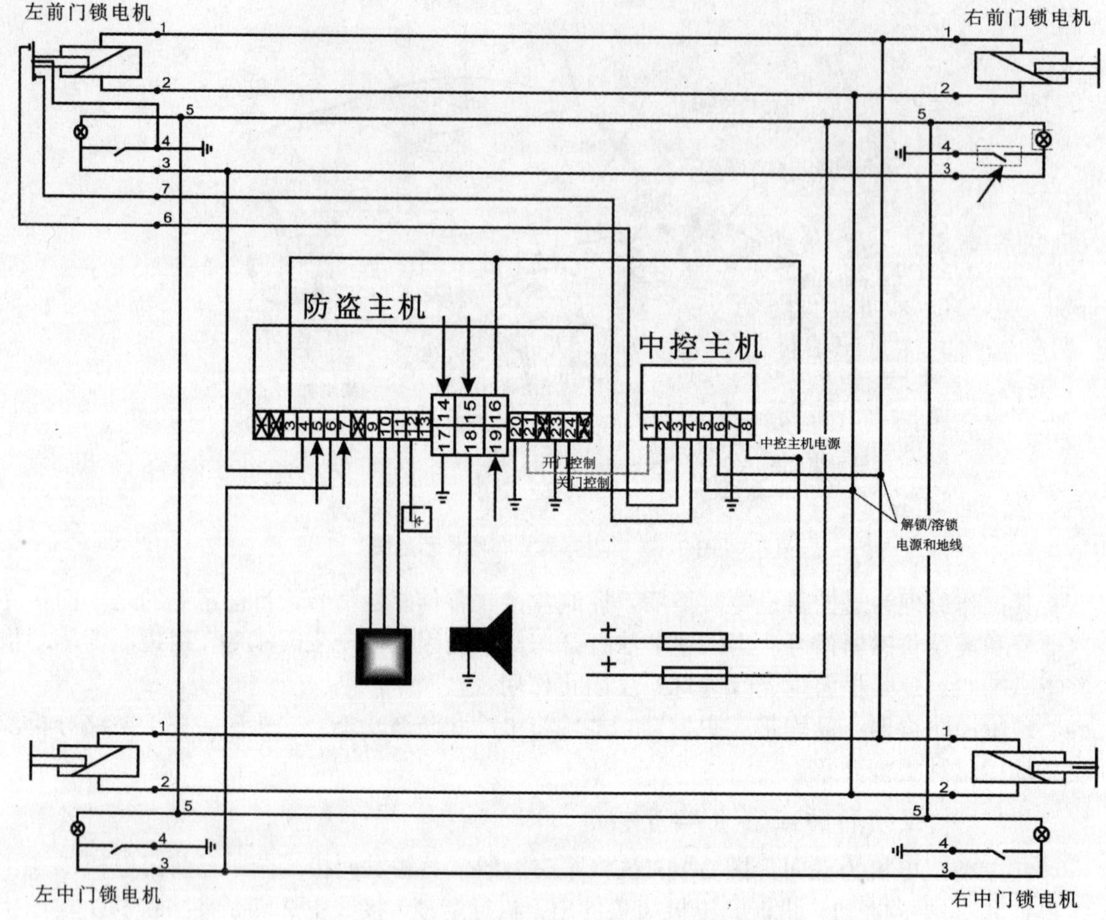

图 2-1-7　铁将军防盗器（负触发）接线示意图

防盗主机

1、2、8、22、25—空；3、16—12V 电源；4—前门开启信号；5—制动信号；6—中门开启信号；7—起动控制；9、10、11—震动传感器信号；12、13—警示灯信号；14—右转向灯信号；15—左转向灯信号；17、20、23—搭铁；18—防盗喇叭信号；19—后备厢开启信号；21—开门控制信号；24—关门控制信号。

中控主机

1—开门控制信号；2—关门控制信号；3—解锁信号；4—落锁信号；5、6—解锁、落锁电源和搭铁；7—搭铁；8—12V 电源

左前门锁电机

1、2—解锁、落锁电源和搭铁；3—车门开启信号；4—搭铁；5—12V 电源；6—解锁信号 7—落锁信号。

其他门锁电机

1、2—解锁、落锁电源和搭铁；3—车门开启信号；4—搭铁；5—12V 电源。

在图 2-1-7 中，边门属于负触发接线，在防盗主机 20 和 23 接线端子接搭铁，如果边门属于正触发接线，在防盗主机 20 和 23 接线端子应接 12V 电源。

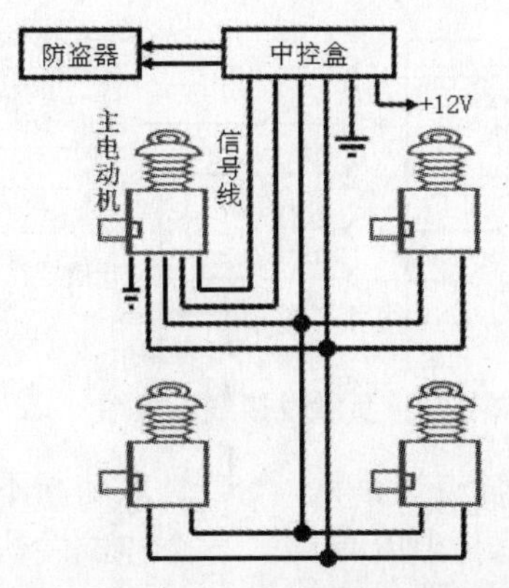

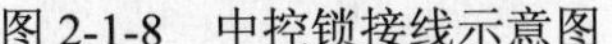
图 2-1-8 中控锁接线示意图

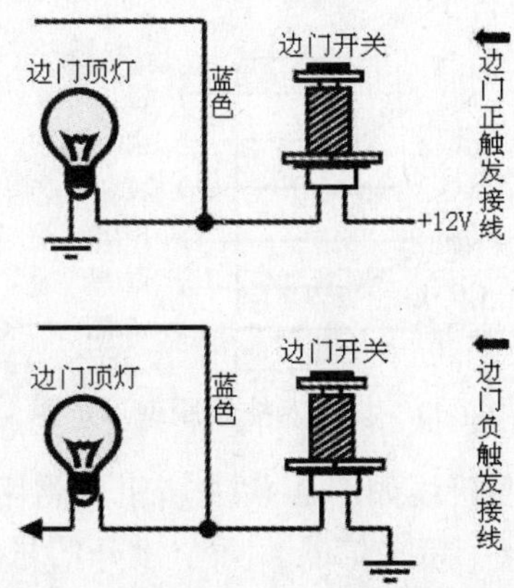

图 2-1-9 边门正触发、负触发接线示意图

防盗主机端子 5 为制动信号，当车辆起步，踩下刹车后，防盗主机控制中控主机落锁。端子 7 为起动控制信号，当车辆停车，关闭点火开关后，防盗主机控制中控主机解锁。端子 9、10、11 接震动传感器信号，有震动，防盗主机通过端子 14、15 控制左右转向灯信号闪烁报警，通过端子 18 驱动防盗喇叭信号，鸣叫。端子 12、13 为警示灯信号，端子 21-开门控制信号、24-关门控制信号为控制中控主机解、落锁信号。遥控控制部分内含在防盗主机内部。

中控主机单独工作，3、4 端子接收左前门电机的解、落锁位置信号，端子 5、6 控制电流方向，使得其他门锁电机与前门电机同步工作。当防盗器设定落锁，用钥匙开锁后，防盗器依旧具有防盗作用。

如果原车有中控锁功能，可以通过加装防盗器控制原车的中控主机。在防盗器上的 22-26 端子（6P 的中控锁配线），它的作用是通过这 6 根线去控制原车中控锁进行正常的工作，如图 2-1-10 所示。

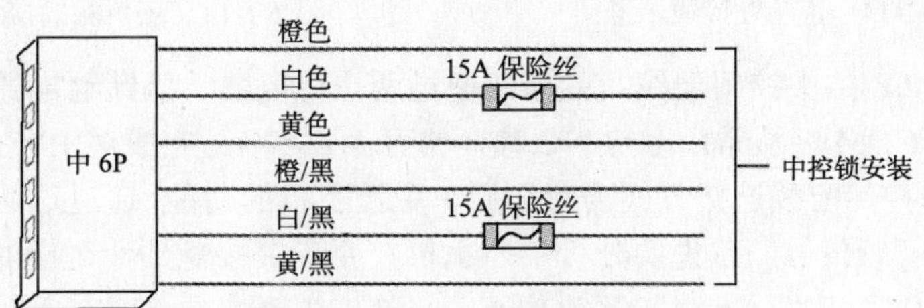

图 2-1-10 防盗器 6P 的中控锁配线示意图

6 根线束中分两组分别是橙色、白色、黄色和橙/黑、白/黑、黄/黑。对应的是两个继电器，一个触点为常开，另外一个触点为常闭，如图 2-1-11 所示。NC 为常闭触点、COM 为公共端、NO 为常开触点。

负触发接线如图 2-1-12 所示，将两个继电器 NO 触点接搭铁，NC 触点剪断不接线，COM 端一个接关信号，一个接开信号，即一个继电器控制开信号，一个控制关信号。当发出关指令时，继电器触点由 NC 到 NO，COM 端与搭铁接通，发出关信号。由于两个继电器功能一样，也是 COM 端与搭铁接通，发出开信号。

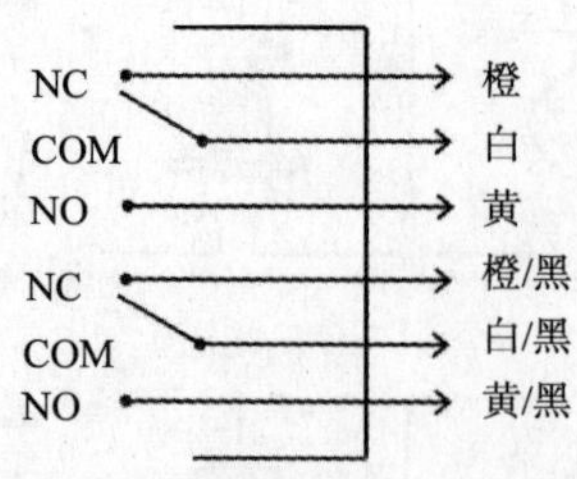

图 2-1-11　继电器控制原理示意图

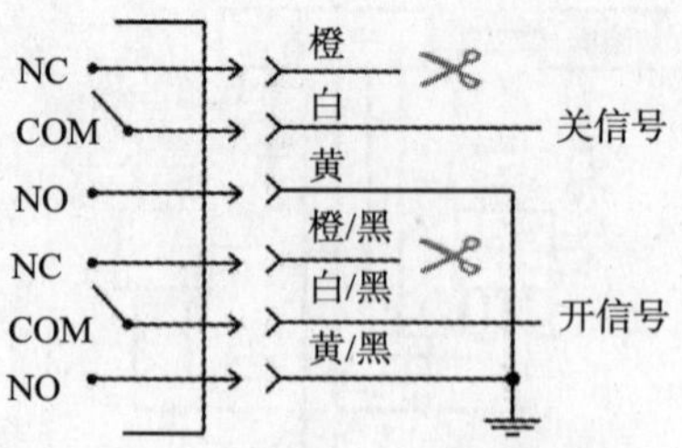

图 2-1-12　负触发接线示意图

正触发接线如图 2-1-13 所示，将两个继电器 NO 触点接搭铁，NC 触点剪断不接线，COM 端一个接关信号，一个接开信号，即一个继电器控制开信号，一个控制关信号。当发出关指令时，继电器触点由 NC 到 NO，COM 端与搭铁 12V 电源接通，发出关信号。由于两个继电器功能一样，也是 COM 端与 12V 电源接通，发出开信号。

正负触发接线如图 2-1-14 所示，两个 NC 接搭铁，NO 接 12V 电源，两个 COM 端分别接车门电机引线。当发出关信号时，白线为 12V 电源，白/黑为搭铁，车门电机执行落锁功能；当发出开信号时，白线为搭铁，白/黑为 12V 电源，车门电机执行解锁功能。如果原车有中控功能，可以将车门电机与原厂电机并联，用加装车门电机带动原厂电机实现其他门锁的解锁、落锁功能。

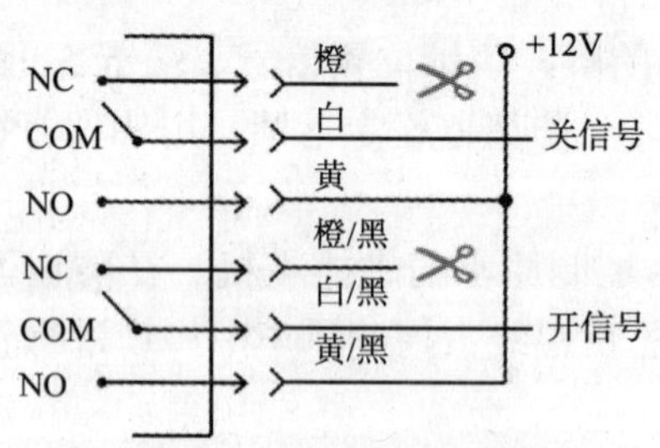

图 2-1-13　正触发接线示意图

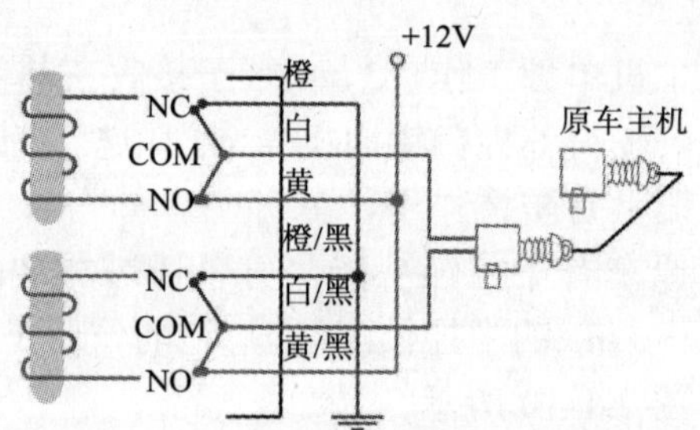

图 2-1-14　正负触发接线示意图

在掌握 6P 的中控锁配线功能后，通过两个继电器（落锁继电器和解锁继电器）配合工作，即由 COM 端从常闭触点 NC 移向常开触点 NO，完成对中控主机的控制。

6P 的中控锁配线连接方式要配合原车中控主机的功能，通过这两个继电器给中控主机发出落锁和解锁信号。首先要分析中控主机在原车中接受到什么样的落锁和解锁信号，通过电路正负切换，执行落锁和解锁功能。安装防盗器的难点就在于对原车中控主机的电路进行分析，能理顺电路，安装防盗器就不是难事。

以桑塔纳轿车为例进行分析，电路如图 2-1-15 所示，原车中控主机的开关信号控制线是粗红色的，线路断开为解锁，线路搭铁为落锁。将原车粗红色线剪断，一端串接橙/黑线，通过 NC 常闭触点和 COM 回到原车粗红色线，即是给原车开关信号控制线串接了一个继电器，并没有改变原车线路。当防盗器发出落锁信号时，白线和黄线相接后搭铁，原车中控锁落锁。当防盗器发出解锁信号时，白/黑和黄/黑线相接，黄/黑线没有与任何线连接，相当于将线路断开，原车中控锁解锁。这样的接线方法就是单线串联负触发接线法。

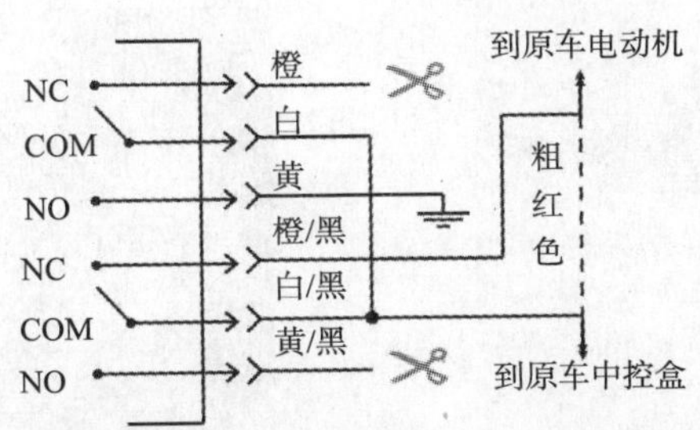

图 2-1-15　桑塔纳 2000 防盗器单线串联负触发接线示意图

在实际的线路查找中，首先需要指导触发类型，再找到原车中控开关信号控制线，通过操作原车中控锁得知中控开关信号控制线在什么情况下是解锁信号，什么情况下是落锁信号，通过防盗主机提供的两个继电器和原车电路进行连接，使得原车中控开关信号由防盗主机继电器产生，从而实现使用防盗主机控制原车中控锁的功能。

【任务实施】

以东风悦达起亚轿车为例，加装防盗系统。

（1）拆下车辆仪表盘下的盖板，如图 2-1-16 所示。在拆卸的过程中，小心卡扣，避免损害塑料件。

（2）拆下点火钥匙上、下盖板，如图 2-1-17 所示。

拆方向盘下盖板

图 2-1-16　拆卸车辆仪表盘下的盖板操作示意图

拆点火钥匙上、下盖板

图 2-1-17　拆卸车辆点火钥匙上、下盖板操作示意图

（3）从线束中查找出 ACC、制动信号、左右转向灯信号、边门信号并判断触发类型，如图 2-1-18 所示。

（4）将防盗器主机盒同线束、传感器连接，如图 2-1-19 所示。主机安装位置应于仪表台下方隐蔽处，主机要避开漏水、漏油处安装。将线束按说明书接线图相应的端子线连接。将主机和所有线束接头连接。确认无误后，将线束用扎带捆扎整齐。

（5）在防盗器中有一根粉红色线是接防盗器电子喇叭的，这根线是防盗器的信号输出线，从车身前板上的线束孔小心穿过，引到引擎舱，粉红色线接电子喇叭的正极，电子喇叭的负极搭铁。在安装时，将喇叭安装固定在车架上，喇叭向下倾斜，以防止进水，如图 2-1-20 所示。在报警时，电子喇叭会“鸣叫”。接喇叭的线上应有 5A 熔断器。

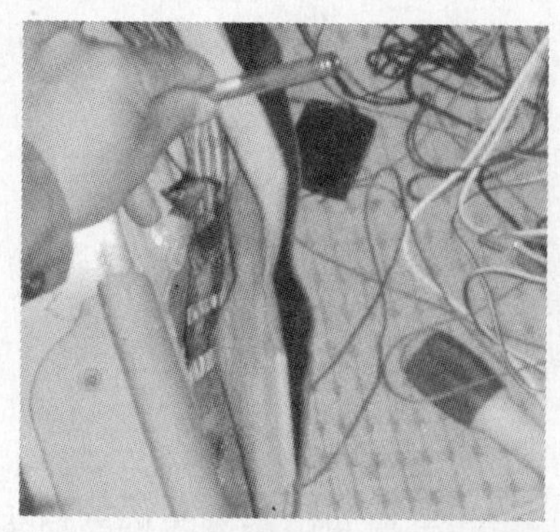

图 2-1-18　从线束中查找信号示意图

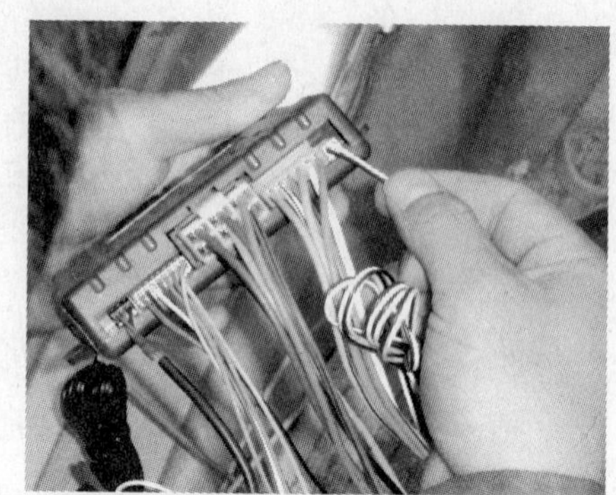

图 2-1-19　防盗器主机盒同线束、传感器连接操作示意图

（6）在防盗器中有一个 3P 的插头，它是接震动传感器的，震动传感器安装于仪表台下方并紧贴车体，将线束与防盗器端子对接。

（7）在防盗器中有一个 2P 或 3P 的插头，用于接 LED 警示灯，它的作用是警示人们汽车在防盗状态中，要求在安装时使车外人容易见到，一般安装在仪表台的侧面，挡风玻璃下方，如图 2-1-21 所示。

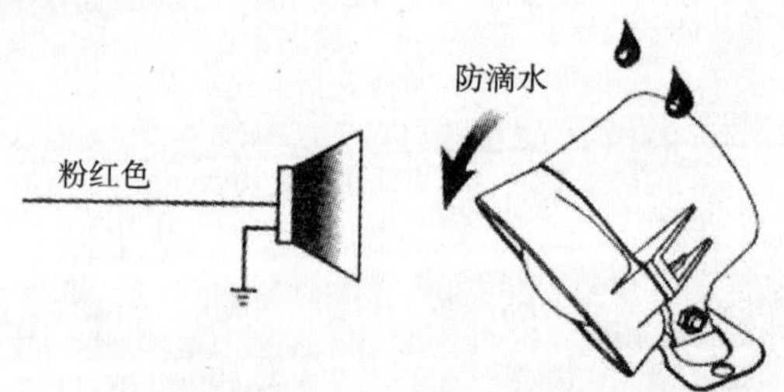

图 2-1-20　防盗器喇叭安装示意图

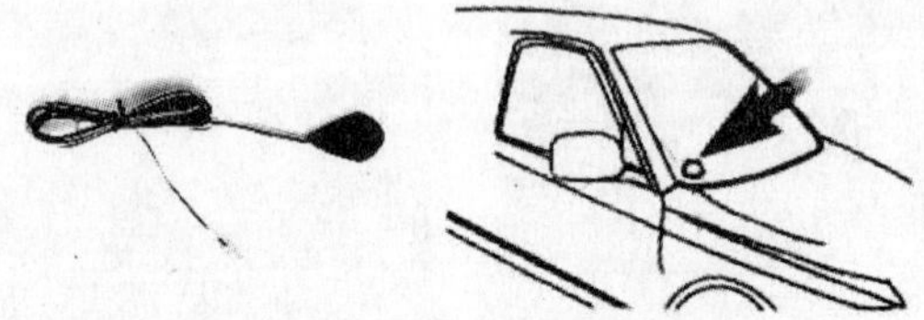

图 2-1-21　LED 警示灯安装位置示意图

（8）拆卸车门内饰板，注意固定螺栓位置，用螺丝刀拆下，撬下门板卡子，取下内饰板，如图 2-1-22 至图 2-1-24 所示。

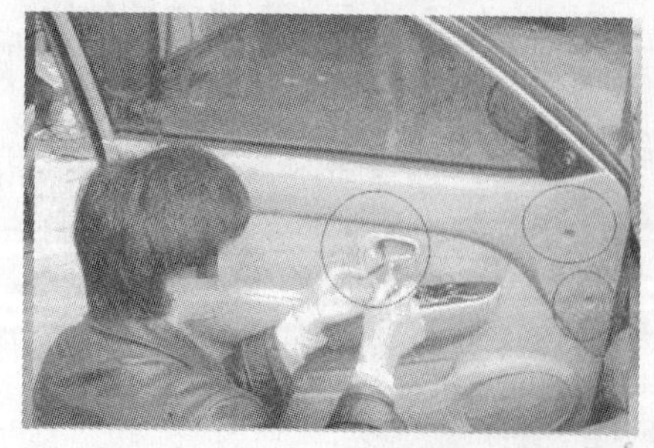

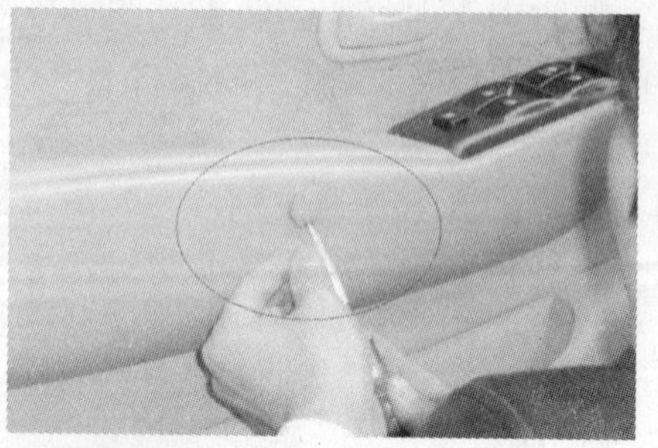

图 2-1-22　车门内饰板固定螺栓位置示意图

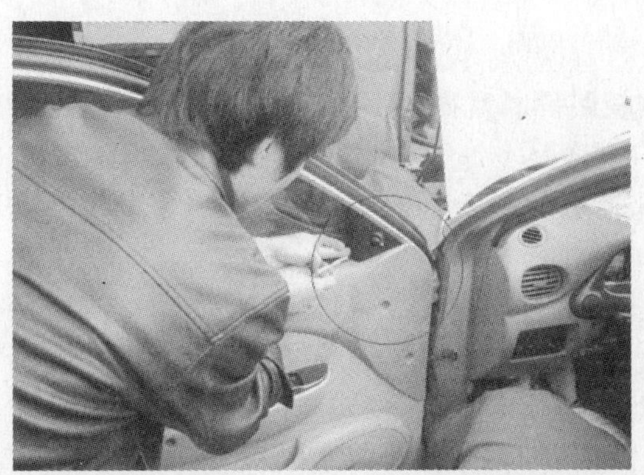

图 2-1-23　拆卸后视镜调节塑料卡座示意图

图 2-1-24　撬下门板卡子取下内饰板示意图

（9）根据触发方式，选取控制方式，安装驱动电机并将线路排清，如图 2-1-25 所示。

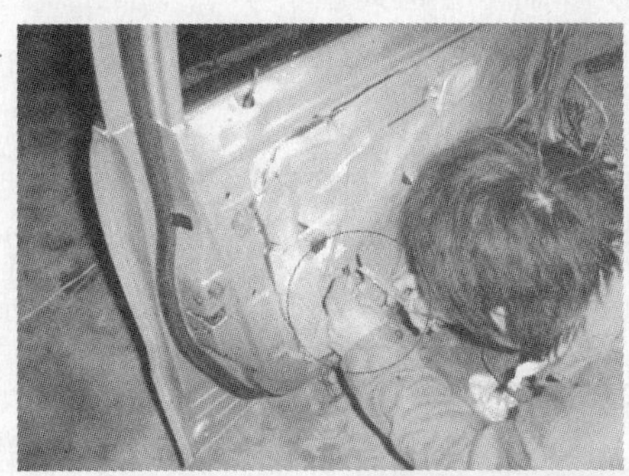

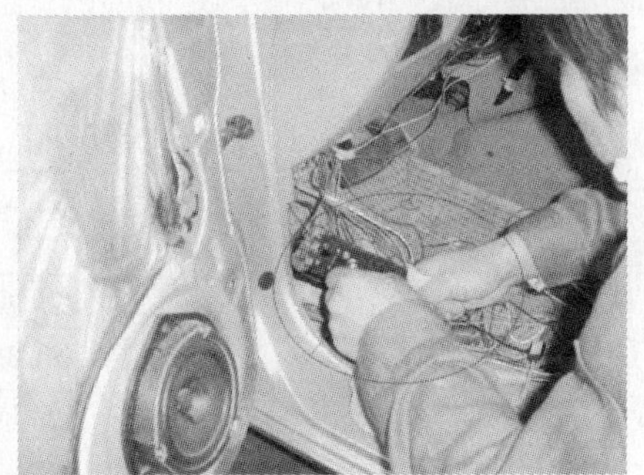

图 2-1-25　防盗器线路连接操作示意图

（10）调试防盗器，演示各功能。

（11）隐蔽电路，安装内饰板件，完成操作。

【知识链接】

中控锁防盗器常见故障分析

1．电瓶电压低，影响防盗解除

防盗器不能解除防盗是由于电瓶的电流电压不能达到防盗器的启动电压而造成的。解决方案：对电瓶进行检查、更换。检查电瓶的桩头是否松动、是否被腐蚀，电瓶水是否亏损。

2．静电干扰，遥控板跳码、乱码

目前，市场上出售的防盗器多是无序跳码型配置。这类防盗器的遥控板最怕静电干扰。解决方案：将防盗器的遥控板放在手包里，避免摩擦产生静电干扰遥控器。准备一块电池，以防遥控板突然没电造成麻烦。

3．中控锁被冻住，车门打不开

部分国产车密封性较差，随着使用年限的增加，密封胶条逐渐老化。雨、雪或洗车后，门边压条渗入的水会流到中控锁上，天气冷会使得中控锁被冻住。解决方案：安装中控锁时，尽可能做好防水工作，发现漏水，及时更换橡胶密封压条等部件。

4．无紧急情况，乱报警导致电瓶馈电

天气变化或有风吹草动时，防盗器就开始无事忙鸣叫、转向灯闪烁。解决方案：可取下防盗器的感应器，调整灵敏程度。

【评价标准】

（1）线路布局合理、安全。

（2）内饰件安装美观。

（3）实现防盗器和中控锁功能，开锁落锁可靠。

【思考与练习题】

通过对中控锁、防盗器的安装训练，谈谈你的心得体会。

（1）简要分析中控锁、防盗器的工作原理。

（2）在掌握桑塔纳轿车中控锁加装防盗器的基础上分析捷达轿车中控锁加装防盗器安装电路，如图 2-1-26 所示。

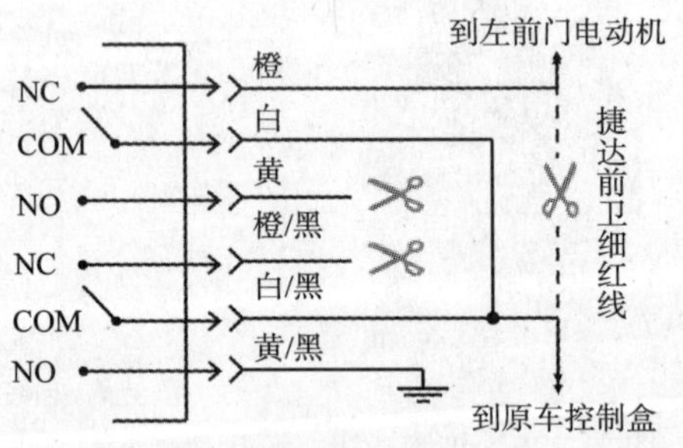

图 2-1-26　捷达轿车防盗器单线串联负触发接线示意图

（3）如何从线束中查找出 ACC、制动信号、左右转向灯信号、边门信号？如何判断其触发类型？

（4）如果安装后发生中控锁不受控制或无法落锁，应如何检查排除？

任务二 电动窗的安装

【任务描述】

目前有的车型装配的还是手动玻璃升降机，特别是在驾驶员侧的玻璃升降机，驾驶员在驾驶汽车时，手动操作玻璃升降机时易发生交通事故，很多车主就想将手动升降机改装成电动升降机，这就需要专业技术人员进行操作，并对内饰板进行改装，安装控制按钮，再对安装的电动窗进行调试。

【任务分析】

完成电动门窗的安装，首先要掌握电动窗的机械原理及控制电路，对其运动过程进行分析。在操作工程中，第一，需要知道车门内饰板卡扣的固定点，在不损伤车门内饰板的基础上拆卸；第二，操纵手动升降机，观察手动升降机的工作状况和升降机与玻璃间的连接形式，分析拆卸玻璃的方法；第三，拆卸手动玻璃升降机，更换电动玻璃升降机并排布其控制电路，安装控制元件。在整个工作过程中切不可划伤玻璃及太阳膜。

【相关知识】

电动门窗是指在驾驶室用开关就能自动升降门窗玻璃，使驾车者在行车过程中，也能安全方便地开关门窗。电动车窗系统由车窗、车窗玻璃升降器、门窗电动机、开关等装置组成。

一、门窗电动机

门窗电动机是一个永磁、两极直流电动机。电动机是双向的，通过开关控制它的电流方向，内部装有减速装置使车窗升、降。门窗电动机内部一般都装有抑制无线电干扰的装置，以防止在使用玻璃升降器时对车内无线电的接收形成干扰。电动机内部还装有电流保护装置，电动机运动受阻时能自动切断电源，从而避免电动机被烧毁。

二、电动玻璃升降机的结构及工作原理

1．绳轮式门窗玻璃升降器

绳轮式门窗玻璃升降器由滑轮、钢丝绳、张力器、张力滑轮等组成。它通过驱动电动机拉钢丝绳来控制门窗玻璃的升降，电动机的输出部分是一个塑料绳轮，绳轮上绕有钢丝绳，钢丝绳上装有滑块，电动机驱动绳轮，带动钢丝绳卷绕，钢丝绳上的滑块带动玻璃，使之沿导轨作上下运动。桑塔纳 2000 型轿车电动车窗比例升降器结构，如图 2-2-1 所示。绳轮式门窗玻璃升降器运行平稳，噪声小，车型适用范围广，国内配套车型有奥迪、捷达、富康、别克、雅阁、帕萨特、雅绅特等。

2．交臂式门窗玻璃升降器

交臂式门窗玻璃升降器主要由扇形齿板、玻璃导轨及调节器等组成，如图 2-2-2 所示。它的工作原理是扇形齿板利用驱动电动机的棘轮进行转动，从而带动 X 臂运动，而使风窗玻璃作上下移动。交臂式门窗玻璃升降器能适用于负载较大的车门玻璃，结构简单，制造

成本低，用于车门玻璃弧度较小的车门。国内配套车型有金杯海狮、三菱 MPV、夏利等。

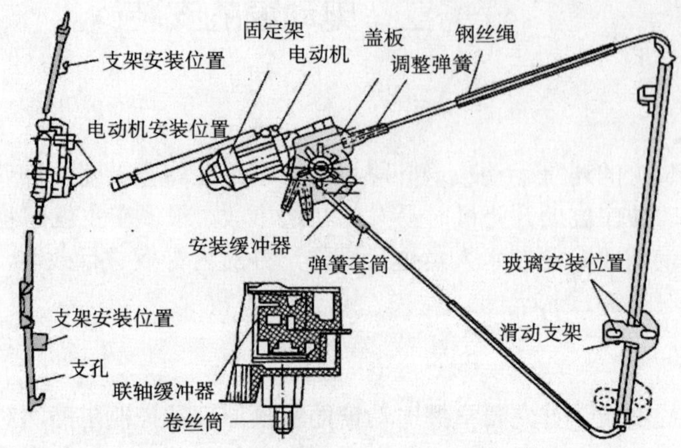

图 2-2-1　桑塔纳 2000 型轿车电动车窗比例升降器结构示意图

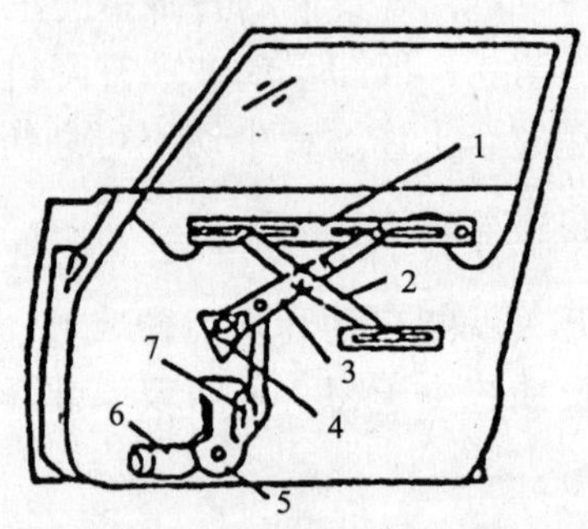

图 2-2-2　交臂式门窗玻璃升降器结构示意图

1—玻璃安装槽板；2—从动臂；3—主动臂；4—托架；5—平衡弹簧；6—电动机；7—扇形齿轮。

3. 软轴式门窗玻璃升降器

软轴式门窗玻璃升降器由软轴、小齿轮等组成，如图 2-2-3 所示。电动机的输出部分是一个小齿轮，通过与软轴上的齿（近似于齿条）相啮合，驱动软轴卷轴卷绕，带动玻璃沿导轨上下运动。软轴式门窗玻璃升降器结构简单，制造工艺比较复杂。国内配套车型有切诺基、依维柯等。

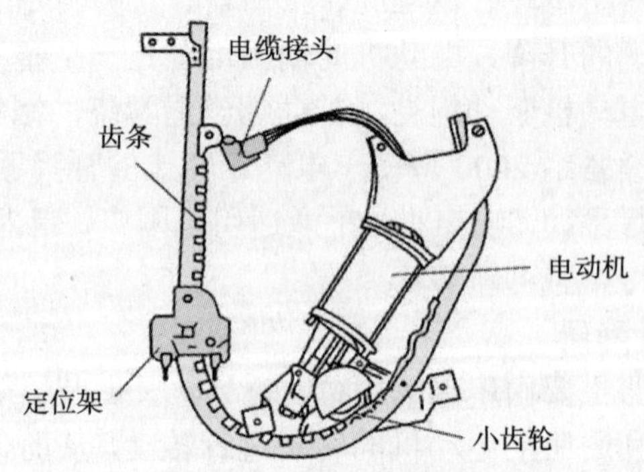

图 2-2-3　软轴式门窗玻璃升降器结构示意图

三、电动车窗控制电路

1．电动车窗开关

电动车窗一般都装有两套开关。一套装在仪表板上或驾驶员侧门上，为总开关，它由驾驶员控制每个车窗的升降；另一套分别装在每个车窗中部，为分开关，由乘客进行操纵。每个车窗的电动机都要通过总开关搭铁，所以电流不但通过每个车窗上的分开关，还通过总开关上的相应开关。

2．电动门窗控制电路

电动门窗控制电路主要由电源、易熔线、断路开关和指示灯等组成。接通开关改变电动机中电流的流经方向，实现电机的正反转，总控制开关和各分控制开关是并联关系，如图 2-2-4 所示。

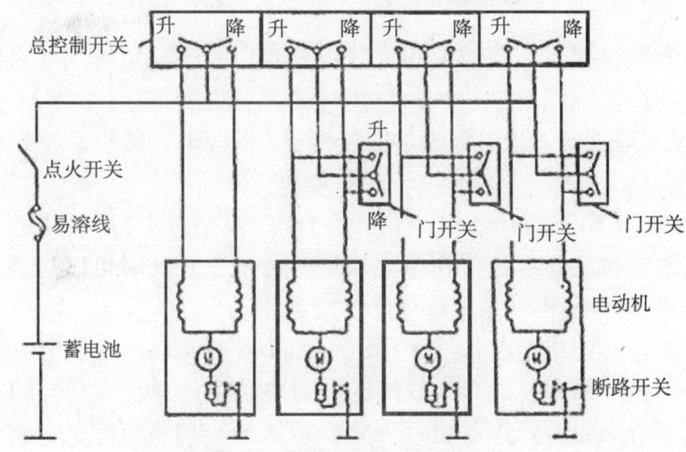

图 2-2-4　电动门窗控制电路示意图

【任务实施】

以奇瑞 QQ 换装电动车窗为例，介绍安装方法和流程。

（1）拆卸下手动玻璃升降机手柄，如图 2-2-5 所示。

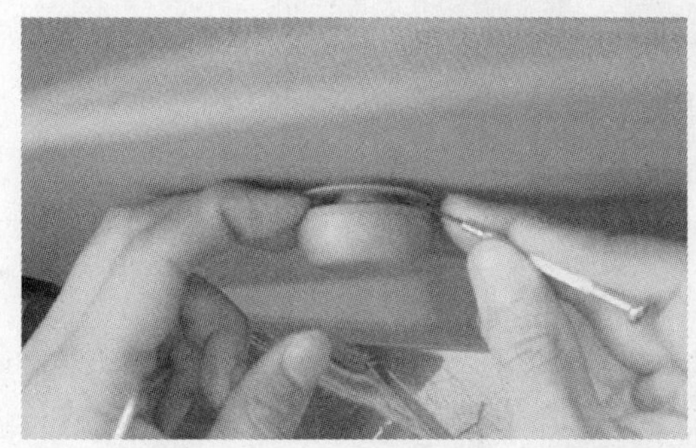
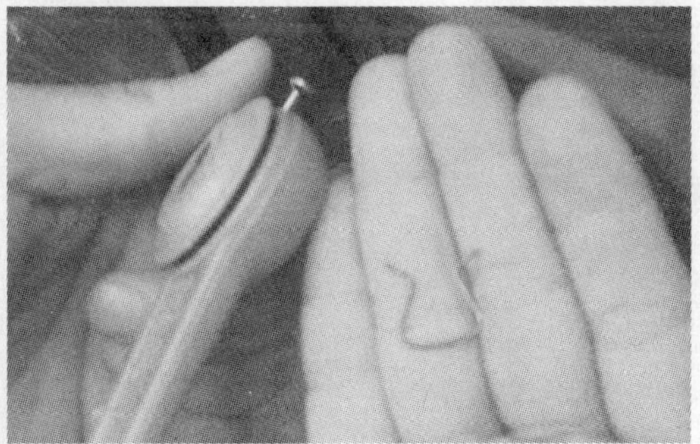

图 2-2-5　手动玻璃升降机手柄拆卸操作示意图

（2）拆卸车门内饰板，先将固定的自攻螺丝拆下，用专用工具撬下内饰板上的卡子，如有损坏需要用新件替换，如图 2-2-6 所示。

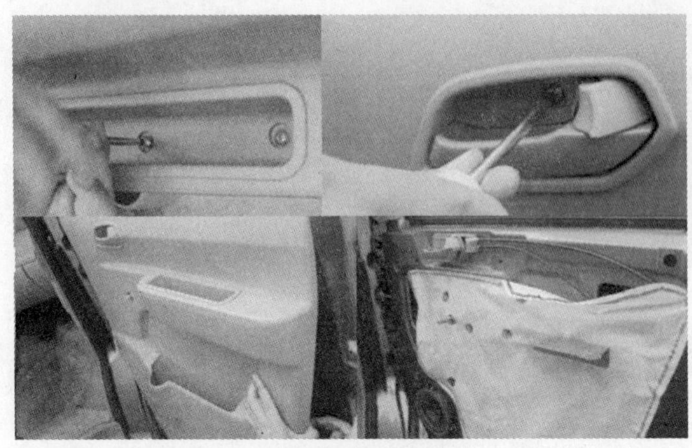

图 2-2-6　拆卸车门内饰板操作示意图

（3）将玻璃升降机摇下，使玻璃和升降机分离，将玻璃用透明胶带固定，防止太阳膜损坏，如图 2-2-7 所示。

（4）拆卸手动玻璃升降机，先将固定螺栓拆下，将玻璃升降机从车门中抽出，如图 2-2-8 所示。

（5）换装上原装电动玻璃升降机，将其固定在门板空位中，用螺母固定垫片，如图 2-2-9 所示。再将玻璃通过螺栓安装定位在电动玻璃升降机上。此时可以对玻璃升降机电机加电后检查玻璃升降机工作状况，发现异常及时检查。

（6）电路改装，首先将电动窗线束通过与原车音响喇叭线路并行，穿到车辆仪表台的下方。从点烟器上拔下线束，破开火线绝缘层为电动窗线束引火线，如图 2-2-10 所示。用胶布将电线裸露部分缠裹好，电动窗线束负极可以用车门搭铁完成。将电动窗控制开关线束从原来安装手动玻璃升降机的座孔中穿出，安装好内饰板，再把电动窗控制开关线束与电动窗控制开关连接，打开点火开关，调试玻璃升降机，有异常及时排除。最后用胶水将开关固定在内饰门板上，开关正好遮蔽住手动玻璃升降机把手留下的座孔，如图 2-2-11 所示。

图 2-2-7　拆卸车窗玻璃操作示意图

图 2-2-8　拆卸手动玻璃升降机操作示意图

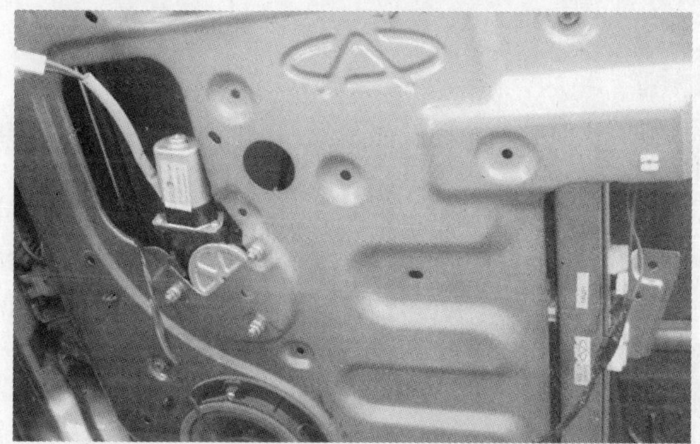

图 2-2-9　电动玻璃升降机安装定位示意图

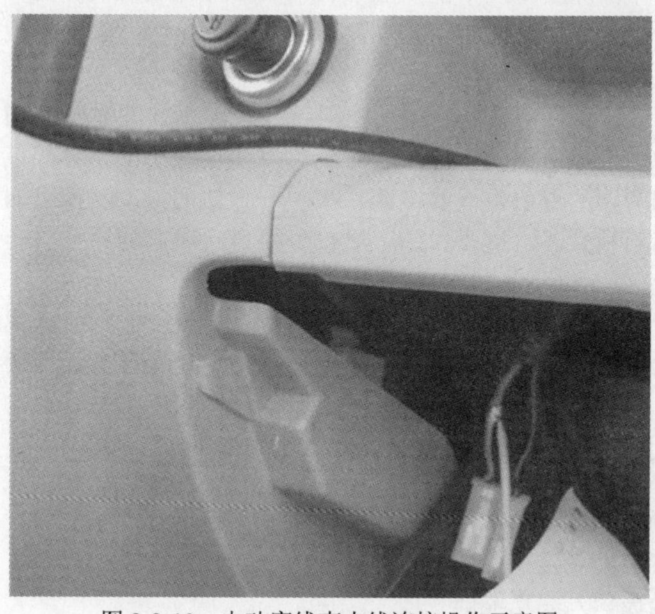

图 2-2-10　电动窗线束火线连接操作示意图

图 2-2-11　控制开关安装位置示意图

【知识链接】

当电动门窗玻璃升降机及控制电路发生故障，出现电动窗无法上下运动，开合自如时，需要对电动窗进行检查，找出故障原因并予以解决。

电动门窗常见的故障检修方法如下：

（1）电动开关车窗动作不顺畅的原因多为升降机里的油已耗尽，应取下内饰板加上油。

（2）若是玻璃完全不能动作，则有可能是开关故障。如果是开关的故障，只能更换新件。

（3）电子装置如果不能动作，检查熔断器是一般常识。仔细检查哪一条熔断器是用于电动车窗的。

（4）开关的动作情况变差且车窗不能顺利开启，开关发生故障的可能性很高。

（5）为内部机械装置加油之前，首先取下内饰板。然后，取下隐蔽螺丝钉，拆下快动开关即可。

（6）取下内饰板，剥开下面防水用的塑料纸，露出车窗的升降机构。在臂支点、齿轮的内部加注油脂。一边上下移动，一边喷涂就可以使很细小的部分也能润滑。

（7）支撑玻璃两端的滑块也需要检查。玻璃与导轨的滑动状况差时，可涂上增亮剂。

（8）为使玻璃顺利升降，重要的是尽量减少阻力。玻璃的污损也会成为阻力，应经常保持车窗的洁净。

特别需要注意的是，玻璃升降机进水后，很容易导致控制部分失灵，所以在贴膜的时候不能将过多的水渗漏到车门夹层中。若发现玻璃密封压条老化，需要及时更换新件，确保密封。

【评价标准】

（1）线路布局合理、安全。

（2）内饰件安装美观。

（3）实现电动玻璃升降功能。

【思考与练习题】

通过对电动窗的安装训练，谈谈你的心得体会。

（1）分析改装电动窗升降机的工作原理及控制电路。

（2）如何拆卸汽车内饰门板，防止卡子和内饰件的损伤？

（3）如何将玻璃和升降机固定架分离，并做好玻璃防护工作？

（4）如何对电动车窗控制线路进行布线，在这个过程中如何保证线路的可靠、隐蔽，内饰的美观？

（5）如果发生电动车窗不能动作或是升降困难，应如何检查排除？

任务三　智能倒车雷达系统的安装与调试

【任务描述】

在城市街头路边或停车场内，需要泊车时，由于视线受到遮蔽，很容易出现擦碰事故。目前智能倒车系统成为大多数轿车的必备，在倒车的过程中通过雷达系统探视车尾与后方障碍物距离，有的还有采用摄像头提供清晰影像，给驾驶员提醒，使其提前做出操作，辅助完成泊车。在没有装备倒车雷达系统的车辆的后保险杠上加装探头，将主机盒、喇叭和显示器安装在车内，使其拥有倒车提醒功能。

【任务分析】

完成对智能倒车雷达系统的加装，保证各功能的实现需要对任务活动各细节上认真按照厂家的操作规范进行，特别注意探测头颜色选配及定位，倒车雷达触发信号机搭铁可靠，主控盒、电子屏幕及喇叭安装位置，线路排布合理整洁、隐蔽可靠。

【相关知识】

倒车雷达全称叫“倒车防撞雷达”，也叫“泊车辅助装置”，是汽车泊车或者倒车时的安全辅助装置。由超声波传感器（俗称探头）、控制器和显示器（或蜂鸣器）等部分组成，如图 2-3-1 所示。

图 2-3-1　倒车雷达器件构成示意图

一、倒车雷达系统的工作原理

倒车雷达系统探头装在后保险杠上，探头有二、三、四、六只不等，探头以 45°角辐射，上下左右搜寻目标。它最大的优点是能探索到那些低于保险杠而司机从后窗难以看见的障碍物并报警，如花坛、蹲在车后玩耍的小孩等。倒车雷达的显示器不停地提醒司机车距后面物体还有多少距离，到危险距离时，蜂鸣器就开始鸣叫，让司机停车。

倒车雷达系统在某一时刻发出超声波信号，在遇到被测物体后的射回信号波，被倒车雷达接收到，用超声波信号从发射到接收回波信号这一个时间而计算出在介质中的传播速度，这就可以计算出探头与被探测到的物体的距离。

二、倒车雷达系统接线图分析

倒车雷达主机接口可以连接车辆后方探头和前方探头，一般只是接后方探头，需要接前方探头时，前后方探头不可以接错，以免主机辨别错误，工作异常。将显示器和蜂鸣器（喇叭）与主机连接，另外接 12V 启动电源，最后将倒车灯电线上引一个信号和主机连接好，只要倒车灯亮，倒车雷达即开始工作，如图 2-3-2 所示。

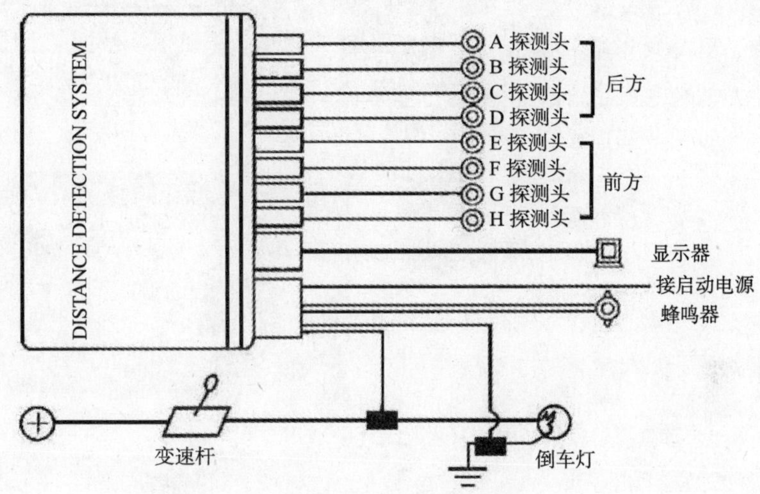

图 2-3-2　倒车雷达系统接线示意图

【任务实施】

以福特福克斯轿车加装倒车雷达系统为例，介绍安装方法和流程。

（1）根据推荐的倒车雷达探测探头安装位置，如图 2-3-3 所示。在后保险杠上贴上贴纸，确定安装位置，如图 2-3-4 所示。

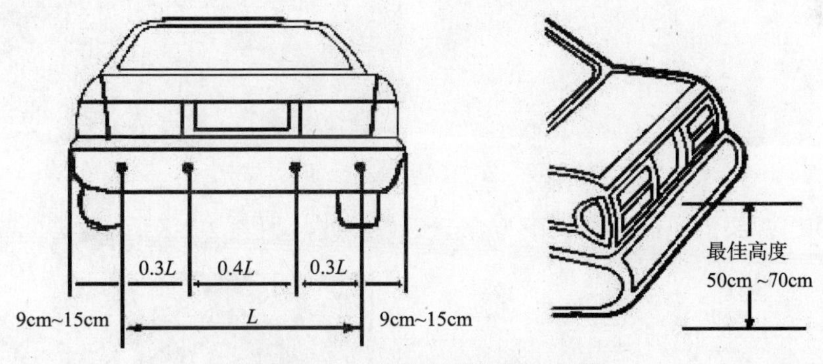

图 2-3-3　探头安装位置示意图

（2）使用定位钻头切孔，如图 2-3-5 所示。钻口完成后，如图 2-3-6 所示，准备安装测量探头。

（3）安装探头，并用胶带固定，如图 2-3-7 所示。注意探头安装朝向，要按“UP”朝上安装。

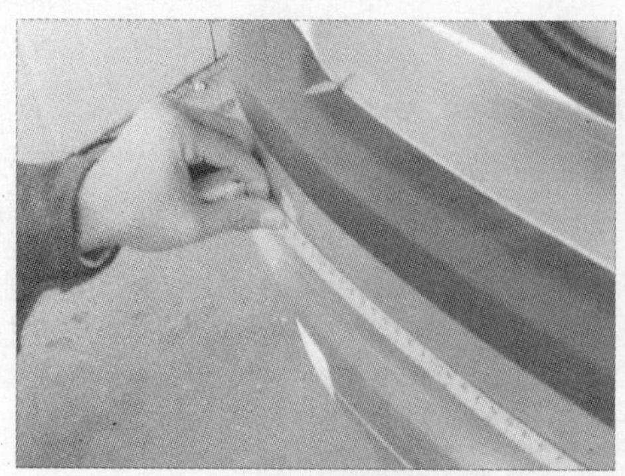

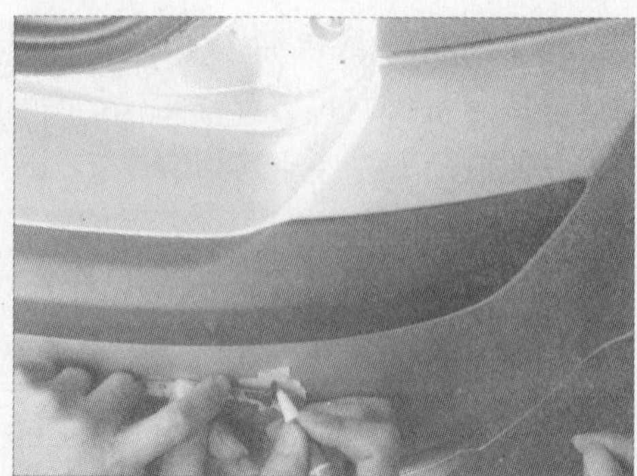

图 2-3-4　确认探头安装位置操作示意图

图 2-3-5　钻头切孔演示示意图

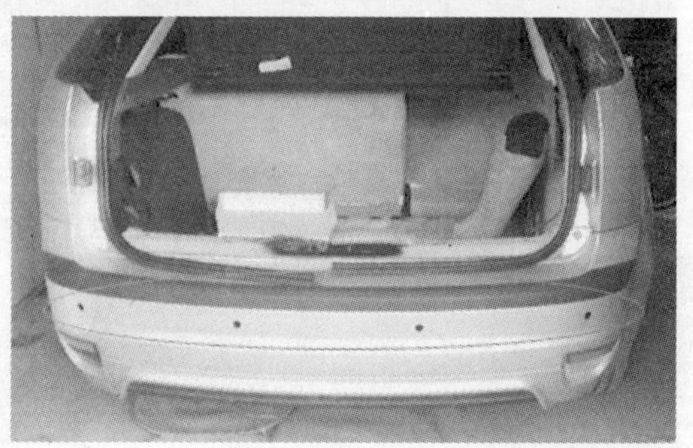

图 2-3-6　钻孔示意图

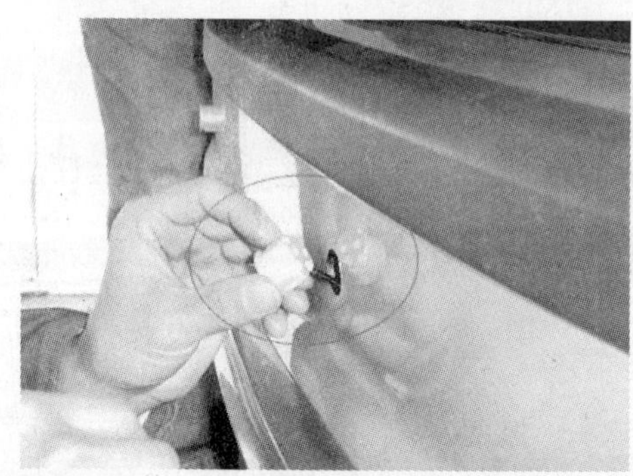

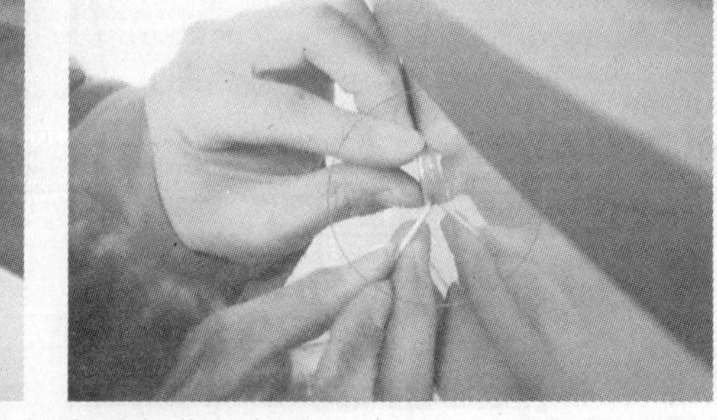

图 2-3-7　安装测量探头操作示意图

（4）将四个探头的引线从车辆下方穿至后备厢处，如图 2-3-8 所示。

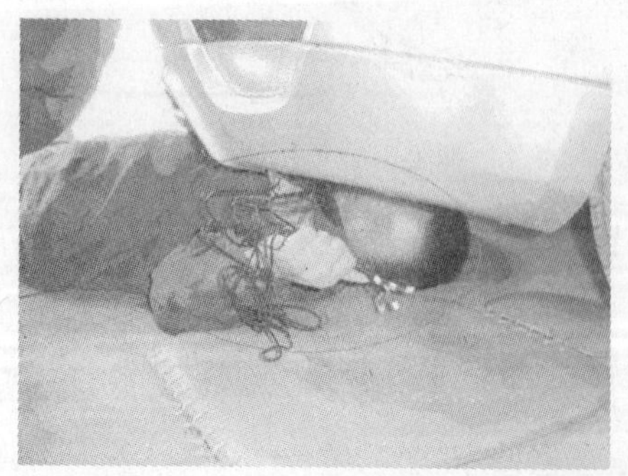

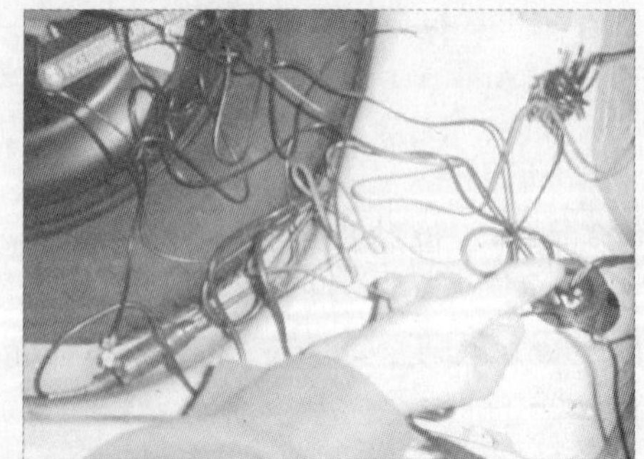

图 2-3-8　探头引线至后备厢操作示意图

（5）拆下后备厢内饰板如图 2-3-9 所示，将倒车雷达主机放置其中，如图 2-3-10 所示，从线束中找到倒车灯信号。

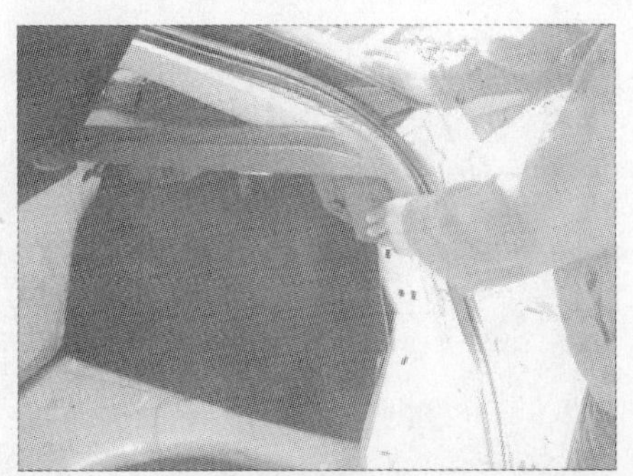
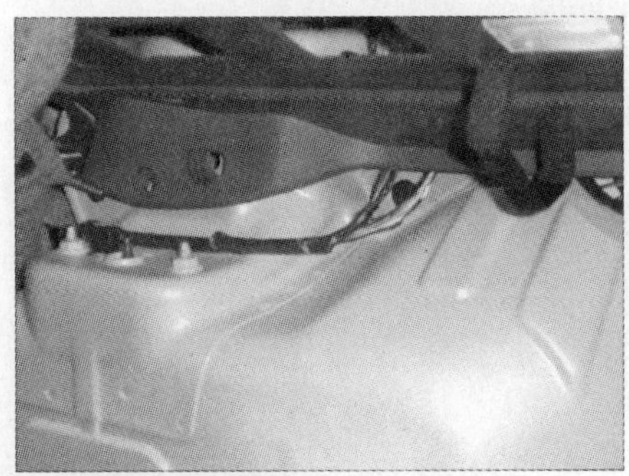

图 2-3-9　拆下后备厢内饰板操作示意图

图 2-3-10　倒车雷达主机安放位置示意图

（6）将倒车信号、电源、探头传感器、显示屏和喇叭线束与倒车雷达主机连接，如图 2-3-11 所示，确保搭铁可靠。注意主机的黑线连接倒车灯负极（-）或搭地，将主机的红线与倒车灯的正极（+）相连接，将主机的蓝线与汽车的启动电源正极（+）相连接。

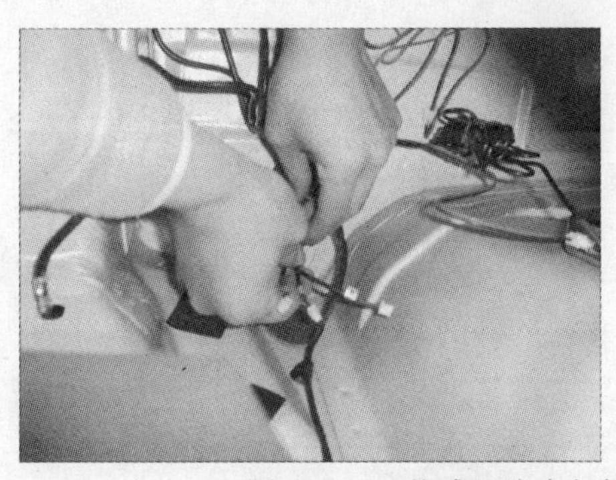
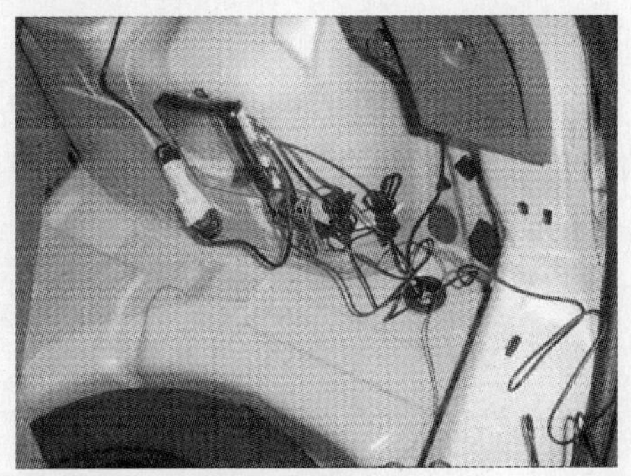

图 2-3-11　传感器线束与倒车雷达主机连接操作示意图

（7）将倒车雷达鸣叫喇叭用双面胶粘贴在驾驶员易听见声音的位置上，并注意线路的隐蔽，如图 2-3-12 所示。

（8）将倒车雷达显示屏幕粘贴安装在仪表台的侧面，挡风玻璃的下方位置，安装位置应靠近司机的最佳视角，如图 2-3-13 所示，按静音按钮可消除车向前行驶时的报警声。

（9）将倒车雷达线路隐蔽好，主要顺着橡胶密封条走向进行布置，如图 2-3-14 所示。

（10）通电调试，挂入倒挡，显示器自动显示车后 3.00m 以内障碍物的距离，雷达鸣叫喇叭报距离。

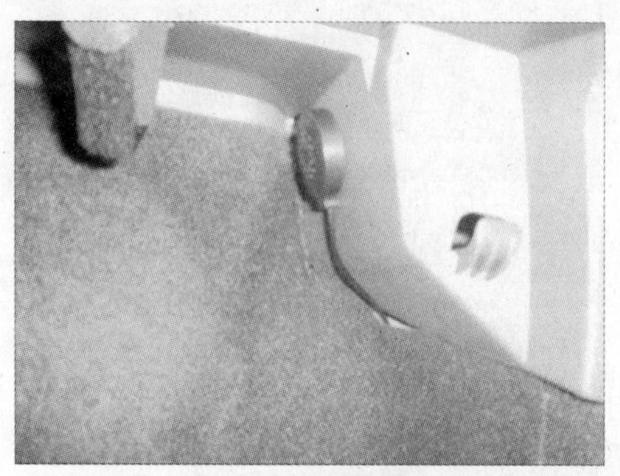

图 2-3-12 倒车雷达鸣叫喇叭安放位置示意图

2-3-13 倒车雷达显示屏安装位置示意图

图 2-3-14 线路排布示意图

（11）倒车雷达系统测试。

① 预警距离测试：将一个水桶摆在探头的正后方，由远到近缓慢倒车，分别在远、近两端测量水桶到车尾的实际距离，并和车内倒车雷达显示的障碍物距离相比较。

② 障碍物方位显示测试：分别用一到三个水桶摆放到车尾的左、中、右侧，测试倒车雷达探测显示障碍物方位是否精确。

③ 探测死角测试：将水桶中心偏离探头中心，测试倒车雷达是否能发现。

【知识链接】

倒车雷达系统常见问题分析

一、倒车雷达装置在下列情况下可能无法正常工作

（1）传感器结冰时（在冰融化以后可以正常工作）。

（2）传感器上粘有雪或水珠时（清除这些污物后，传感器可以恢复正常）。

二、倒车雷达装置在下列情况下可能出现工作错误

（1）在凹凸路面、沙石路、斜坡路、草丛等路面倒车时。

（2）有发出车辆的喇叭、摩托车的发动机声、大型车的气刹车等超声波的物体接近时。

（3）下暴雨或大雨时。

（4）传感器附近安装有传送功能的无线装置时。

（5）传感器被雪覆盖时。

（6）位于排气风扇周围、电机周围、有压缩空气的喷口周围、噪声比较大的工厂附近及其他产生高频率噪声的地区等。

三、在如下条件下监测范围可能变窄

（1）炎热或酷寒时。

（2）监测直径在14cm以下、长度在1m以下的物体时。

四、倒车雷达系统可能监测不到以下物体

（1）尖锐的物体、绳子等。

（2）容易吸收声波的海绵、厚棉衣和雪等物品。

【评价标准】

（1）线路布局合理、安全。

（2）雷达探头安装均称、美观。

（3）内饰件安装美观。

（4）实现倒车雷达功能。

【思考与练习题】

通过对倒车雷达的安装训练，谈谈你的心得体会。

（1）分析倒车雷达的工作原理及控制电路。

（2）如何在后保险杠上开出雷达探头安装孔？

（3）如何对电动车窗控制线路进行布线，在这个过程中如何保证线路的可靠、隐蔽和内饰的美观？

（4）如果发生倒车雷达系统安装后屏幕不显示、没有应答，应如何检查排除？

任务四　氙气大灯的安装与调试

【任务描述】

轿车的远光大灯普遍是卤素大灯，卤素大灯发光强度不高，寿命比较短，很多轿车车主将原厂的卤素大灯更换为氙气大灯，氙气灯泡采用与日光近乎相同的光色，为驾驶者创造出更佳的视觉条件。氙气灯使光照范围更广，光照强度更大，大大地改善了驾驶的安全性和舒适性。另外氙气大灯耗能仅为卤素大灯的三分之二，且使用寿命要比普通卤素大灯要长。在安装过程中不仅仅是更换灯泡，需要加装氙气大灯安定器，结合原车大灯线路进行适当的调整。

【任务分析】

加装氙气大灯的重点在于氙气大灯安定器的加装，通过对氙气大灯厂方说明的认真解读，对原车电路分析，在加装安定器后不能影响电子元件功能，特别是汽车电脑部分。

【相关知识】

氙气汽车大灯，又称高强度气体放电灯，英文简称“HID”，产品由充满惰性气体和稀有金属的小型石英灯泡以及电源安定器两部分组成。接通电源后，通过电源安定器，在瞬间将12V电源升到23000V高压脉冲电压，激励石英灯泡内惰性气体电子游离产生4200K～8000K色温度的光芒，给使用者提供优质的照明环境。

一、常见氙气灯型号产品

目前常见的车型灯泡型号有：

（1）单灯系列：H1、H3、H4、H7、H13、9004、9005、9006、9007、D1R/C/S、D2R/C/S、880、881、H4/H。

（2）双灯系列（Bi-Xenon）：H4 伸缩型、 H4 双氙气灯、 9004 双氙气灯 、9007 双氙气灯。

（3）雾灯系列：H3、H8、H9、H10、H11。其中H1适用于奥迪A6系列、福特系列、现代系列、别克君威、凯越、帕萨特、马自达 3、马自达 6、景程、尼桑阳光、本田奥德赛等车型的远光灯；H7 适用于奥迪 A6 系列、福特系列、现代系列、别克君威、凯越、帕萨特、马自达 3 等车型的近光灯；9005 适用于斯巴鲁翼豹、雅阁系列、大切诺基、丰田佳美 2.4、尼桑风度等车型的远光灯；9006 适用于雅阁系列、丰田花冠、尼桑风度等车型的近光灯。很多类型的车灯远、近光都在一个灯泡里的应选择 H4（伸缩），如猎豹、帕杰罗、桑塔纳 2000、捷达、宝来、赛欧等。

常规的色温有 4300K、5000K、6000K 产品，也有专供出口的 10000K、12000K、15000K 产品，以及专门为海滨城市及山城等多雨雾天气的地方设计的 3000K 黄金灯产品，为海滨城市及山城的客户提供更完善的照明环境。

二、氙气大灯性能的优缺点

1．优点

（1）一般的55W卤素灯只能产生1000lm的光，而35W氙气灯能产生3200lm的强光，亮度提升300%，拥有超长及超广角的宽广视野，为你带来前所未有的驾车舒适感。让夜晚不再黑暗，视野更清晰，可大大减少行车事故率。

（2）HID氙气灯是利用电子激发气体发光，并无钨丝存在，因此寿命较长，约为3000h，大幅度超越汽车夜间行驶的总时数，而卤素灯只有500h。

（3）节电性强：氙气灯只有35W，而发出的是55W卤素灯3.5倍以上的光，大幅减轻汽车电力系统的负荷，电力损耗节省40%，相应提高了车辆性能，节约了能源。

（4）色温性好：有4300K～12000K等，其中6000K接近日光，深受广大用户的好评，而卤素灯只有3000K，光色暗淡发红。

（5）恒定输出，安全可靠：当汽车的供电系统和电池出现故障时，镇流器会自动关闭停止工作。

2．缺点

（1）在雨、雪、雾等天气情况下穿透力不及卤素灯。

（2）由于亮度过高，很容易使对面来车的驾驶员感到炫目，存在一定的安全隐患。

三、氙气大灯的发光原理

汽车氙气灯与传统卤素灯不同，这是一种高压放电灯，它的发光原理是利用正负电刺激氙气与稀有金属化学反应发光，因此灯管内有一颗小小的玻璃球，球中灌满了氙气及少许稀有金属，只要用电流去刺激它们进行化学反应，两者就会发出高达4000K～12000K色温度的光芒。它采用一个特制的安定器，利用汽车电池12V电压产生23000V以上的触发电压使灯启动。启动时0.8s的亮度是额定亮度的20%，达到卤素灯的亮度，并使大灯4s以内达到额定亮度的80%以上。在灯稳定后安定器向灯提供约85V供电电压来保持灯以恒定功率运转。

四、氙气大灯接线图分析

对氙气大灯接线图分析是完成氙气灯加装的基本要求，氙气大灯电路由电瓶、控制线组盒、安定器、氙气灯泡和线束组成，如图2-4-1所示。在氙气灯系统中，由于需要安定器将12V电压产生23000V以上的触发电压启动灯，同时稳定后要继续提供85V供电电压，因此对电路供电能力的要求很高，所以该系统不能使用原来的卤素大灯电路供电，而是通过控制线组合正极和负极线直接与电瓶连接，并在火线上串联一个30A的熔断器，构成一个独立的供电系统。控制线组盒通过与原车大灯的控制插头连接，获得氙气灯开、闭控制信号，原车插头左右大灯各一个，其中只需要将一个作为控制信号，另一个用绝缘胶布裹好后妥善放置。控制线组盒的另一组线与两个安定器相连，给安定器供电，安定器再控制灯泡，安定器上的地线与车身壳体搭铁。当驾驶员打开大灯时，控制器通过原车大灯控制插头获得信号，控制盒内的继电器给各安定器供电，安定器驱动氙气灯泡，使其发光。

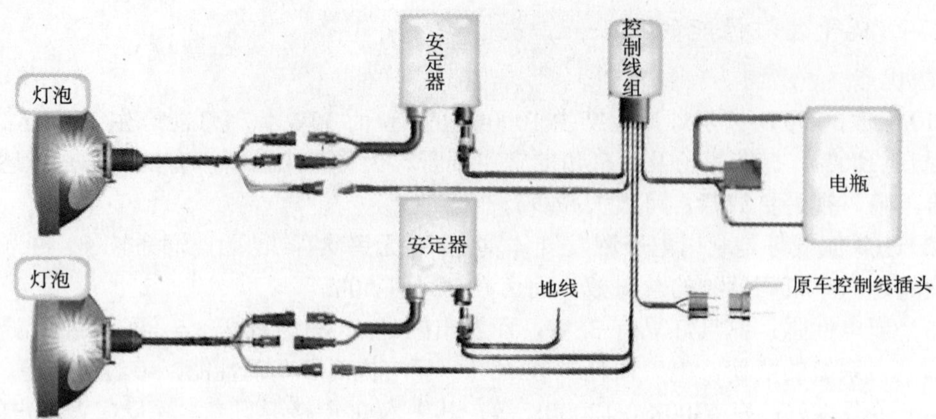

图 2-4-1　通用型氙气灯安装接线示意图

【任务实施】

以 H4 伸缩型（远近光一体）氙气灯为例，介绍安装方法和流程。

（1）当车停稳后，关闭车辆电源，待汽车发动机和灯罩冷却后，打开引擎盖，将氙气灯泡替换原有卤素灯泡，如图 2-4-2 所示。小心拆开线束，拆下橡胶密封座，拆下弹簧后旋转卤素灯泡，将灯泡取下，将氙气灯泡安装在原车灯具上，在安装过程中避免划伤灯泡，不要用手触摸灯泡玻璃体。

图 2-4-2　氙气灯泡替换卤素灯泡操作示意图

（2）将安定器及控制盒进行布置，把安定器固定在比较通风的位置，以方便散热。禁止把安定器固定在发动机及风扇旁。如果安定器温度达到 105℃时，将会自动切断电源。将线束用尼龙扎带与原车部件进行捆绑固定，如图 2-4-3 所示。

（3）按照电路图的要求进行接线，对接线束，电源和搭铁连接可靠，如图 2-4-4 所示。安装过程中不要破坏原车线束，想换回卤素灯泡，几分钟内可以完成。

（4）打开点火开关，操作大灯远近光，最后完成操作。

图 2-4-3　安定器安装操作示意图

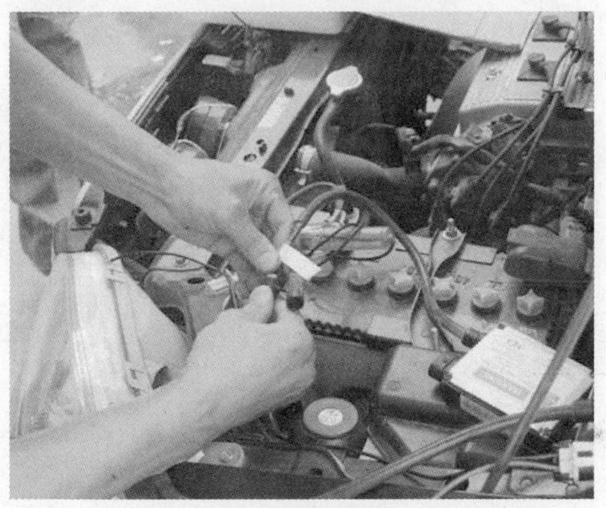

图 2-4-4　氙气灯系统接线操作示意图

【知识链接】

氙气灯系统常见故障分析

1．电压不稳，导致氙气灯系统不工作

在安装时注意安装接地线，若接地线的接地情况不良，氙气灯会出现时暗时亮的现象。电瓶使用时间过长，电压就会不稳，而达不到 10V，造成安定器自动切断电路，氙气灯就会熄灭，不稳定的电压将直接影响到氙气灯的使用。

2．安定器工作不良，导致系统工作不良

安定器温度达到 105℃时，将会自动切断电源，氙气灯关闭。有的安定器质量不好，导致氙气灯开始工作时闪烁且时间较长，稳定后达不到足够的亮度。

3．散光

首先检查灯座是否安装到位，因不同车型的灯座略有不同，再检查灯座卡簧是否到位。

4．远近灯不变光（只适用于 H4 伸缩灯）

首先关闭电源，将灯泡取出，重新开启电源看能不能变光，如果能变光，说明问题在大灯总成。因有一些车灯座卡簧太紧，可用手或尖嘴钳将卡簧向外掰，以减少卡簧向内的弹力，不至于把灯体卡死。

5. 灯闪或放电

首先检查灯泡顶端是否与总成内的挡光罩相接触，或者距离太近引起放电。如果距离太近，可将总成内的挡光罩取掉，这不影响正常使用；另外检查安装时是否把陶瓷管碰断。

【评价标准】

（1）线路布局合理、安全。

（2）安定器散热性好，固定牢靠。

（3）实现氙气灯功能。

【思考与练习题】

通过对氙气灯的安装训练，谈谈心得体会。

（1）分析氙气灯的工作原理及控制电路。

（2）总结拆卸原车灯泡和安装氙气灯泡的步骤流程。

（3）如何对氙气灯控制线路进行布线，安装安定器，在这个过程中如何保证线路的安全、可靠？

（4）如果发生氙气灯安装后灯光长时间闪烁，应如何检查排除？

任务五 车载导航仪的安装与调试

【任务描述】

车载导航仪成为车辆外出必备，不但可以知道现在车辆所在的位置，还能通过导航仪内存储的数字地图，给予行车提示。目前高档轿车上都装备有车载导航设备，其他的车辆可以通过对原有车辆影音系统进行升级改装，即可享受和高档轿车一样的配置。

【任务分析】

车载导航仪分为便携式和嵌入式，便携式的安装非常方便，放在托架上即可使用。嵌入式车载导航仪是由专业生产厂家根据车型定制的，可以将原车影音系统进行替换升级，不但可以拥有车载导航功能还兼具有倒车可视、车载视频娱乐等功能。改造升级难度不大，关键是能按照车载导航仪生产厂家提供的技术手册完成操作即可。

【相关知识】

车载导航仪具有 GPS 全球卫星定位系统功能，驾驶员在驾驶汽车时随时随地知晓确切位置。车载导航仪根据驾驶员的设置选择最佳的行车路线，并进行自动语音导航。一般的车载导航还有 DVD 播放器、收音接收、蓝牙免提、触摸屏、选配功能、智能轨迹倒车、胎压检测功能、虚拟六碟，后台控制功能。

一、车载导航仪构成

车载导航系统主要由导航主机和导航显示终端两部分构成。内置的 GPS 天线会接收到来自环绕地球的 24 颗 GPS 卫星中的至少 3 颗所传递的数据信息，由此测定汽车当前所处的位置。导航主机通过 GPS 卫星信号确定的位置坐标与电子地图数据相匹配，便可确定汽车在电子地图中的准确位置。

二、车载导航 GPS 定位原理

全球定位系统（GPS）是 21 世纪 70 年代由美国陆海空三军联合研制的新一代空间卫星导航定位系统。其主要目的是为陆、海、空三大领域提供实时、全天候和全球性的导航服务，并用于情报收集、核爆监测和应急通信等一些军事目的，是美国独霸全球战略的重要组成。经过 20 余年的研究实验，耗资 300 亿美元，到 1994 年 3 月，全球覆盖率高达 98% 的 24 颗 GPS 卫星星座已布设完成。这 24 颗工作卫星位于距地表 20200km 的上空，均匀分布在 6 个轨道面上（每个轨道面 4 颗），轨道倾角为 55°。此外，还有 4 颗有源备份卫星在轨运行。卫星的分布使得在全球任何地方、任何时间都可观测到 4 颗以上的卫星，并能保持良好定位解算精度的几何图像，这就提供了在时间上连续的全球导航能力。

由卫星的精确位置可知，在 GPS 观测中，我们可得到卫星到接收机的距离，利用三维坐标中的距离公式，利用 3 颗卫星，就可以组成 3 个方程式，解出观测点的位置（X，Y，Z）。考虑到卫星的时钟与接收机时钟之间的误差，实际上有 4 个未知数，X、Y、Z 和时钟差，因而需要引入第 4 颗卫星，形成 4 个方程式进行求解，从而得到观测点的经纬度和高程。

事实上，接收机往往可以锁住 4 颗以上的卫星，这时，接收机可按卫星的星座分布分成若干组，每组 4 颗，然后通过算法挑选出误差最小的一组用作定位，从而提高精度。由于卫星运行轨道、卫星时钟存在误差，大气对流层、电离层对信号的影响，使得民用 GPS 的定位精度只有 100m。为提高定位精度，普遍采用差分 GPS（DGPS）技术，建立基准站（差分台）进行 GPS 观测，利用已知的基准站精确坐标，与观测值进行比较，从而得出一修正数，并对外发布。接收机收到该修正数后，与自身的观测值进行比较，消去大部分误差，得到一个比较准确的位置。实验表明，利用差分 GPS，定位精度可提高到 5m。

三、车载 GPS 导航仪启动与定位操作

1．车载 GPS 导航仪启动

冷启动是指 GPS 第一次搜卫星，通常都慢。不同 GPS 搜卫星速度不同，有的 GPS 冷启动搜到卫星时间是 1min 内，有的是 1min 外，大概是 1min 到 2min，有的是 2min 以外。

热启动之后在 2h 内再启动就是热启动，热启动最快，通常是 1s～2s 就搜到卫星。2h～4h 是温启动。

2．车载 GPS 导航仪定位

所有 GPS 在室内都收不到卫星或者信号非常弱，只有在室外才能收到信号。正确定位搜索卫星信号的方法是：① 不要移动，因为走动对 GPS 不好定位。② 打开机器到导航界面，点开导航界面右上角信号标志，就可以看到接受卫星颗数图，正常 3 颗定位，5 颗导航。GPS 正常可以收到 7 颗～12 颗卫星导航稳定信号。

【任务实施】

以卡罗拉安装 GPS 影音导航系统为例，介绍安装方法和流程。

（1）检查原车中控台及音响各功能。

（2）关闭电源，小心拆下音响系统周边的内饰板，如图 2-5-1 所示。拆卸过程中内饰板是卡扣连接，使用专业工具，不能划伤车身内饰。

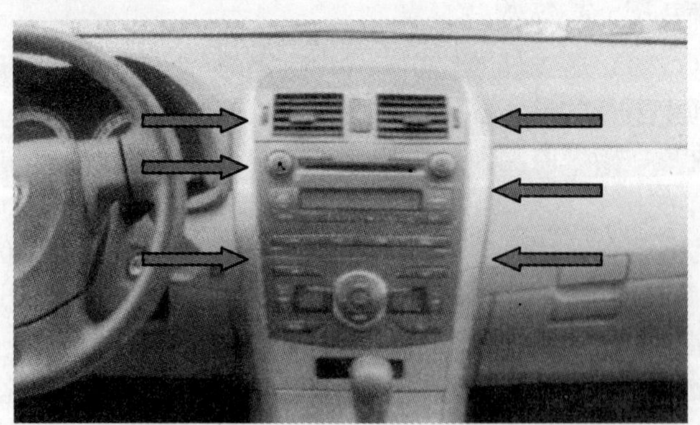

图 2-5-1　音响系统周边的内饰板位置示意图

（3）拆卸空调出风口，注意内部有卡扣，施力方向要留心，如图 2-5-2 所示。

（4）拆下固定原车音响系统螺栓，如图 2-5-3 所示，取下主机，拆下线束并做好标记。

图 2-5-2　拆卸空调出风口操作示意图

图 2-5-3　拆卸原车音响系统示意图

（5）将原车主机上的支架、卡扣换装到 GPS 影音导航系统主机上，如图 2-5-4 所示。

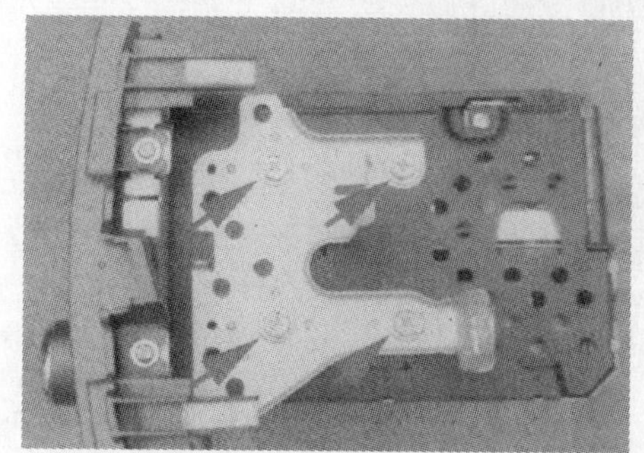

图 2-5-4　更换原车支架和卡扣示意图

（6）安装好电源线、GPS 天线、收音机天线、音响及控制线束，如图 2-5-5 所示。

图 2-5-5　GPS 影音导航系统主机线束安装示意图

（7）换装 GPS 影音导航系统主机并固定，如图 2-5-6 所示。

图 2-5-6　GPS 影音导航系统主机安装位置示意图

（8）安装好空调出风口及装饰条，打开电源，调试影音导航系统，如图 2-5-7 所示。

图 2-5-7　GPS 影音导航系统安装效果示意图

【知识链接】

GPS 影音导航系统常见问题分析

1．GPS 显示，看不清显示内容

（1）背景光亮度太低，在背景光设置的背景光亮度调节下增加背景光的亮度。

（2）背景光已自动关闭，此时用触摸笔点按液晶屏，屏幕会重新亮起来。

2．GPS 点击按钮，没有任何正确动作，屏幕乱跑

（1）检查触摸屏是否校准，若没有请单击“触摸屏校准”按纽，系统会弹出“触摸屏校准”界面。用触摸笔点击十字光标中心，光标按中心、左上、左下、右上、右下路径移动，直至定标成功，系统将自动关闭触摸屏校准界面，返回系统设置主界面。

（2）模拟导航画面出现乱跑，屏与面壳之间有杂物，或保护膜过紧压膜，清除杂物及扯开保护膜重新贴上即可。

3．GPS 的地图数据不慎丢失，找不到地图软件

进入导航时出现（程序错误，请与供应商联系）字样，表示地图数据丢失，要更换地图软件才能正常导航。注意：在未完全关机时不要将存储卡取出。

4．接收不到GPS信号

（1）视当地的GPS卫星信号强弱，接收信号需要等待60s以上，具体时间视当时信号强弱；GPS的信号是每秒传送一次，由于GPS是利用三角原理定位，所以要有三颗星以上才能定位成功，四颗星则会加上高度值。

（2）使用车载天线可提高GPS导航仪的接收效果。

（3）周围建筑物高、大、密，GPS只有在空旷地才有最好的接收效果。

（4）美国国防部SA卫星信号干扰。

（5）天气因素（太阳黑子、恶劣天气、降低信号强度）。

（6）电气电磁干扰。

（7）遮蔽物下（建筑物里，车辆里，隔热纸、金属成分的遮蔽）。

【评价标准】

（1）线路布局合理、安全。

（2）内饰件安装美观。

（3）实现GPS导航和影音功能。

【思考与练习题】

通过对GPS影音导航系统的安装训练，谈谈你的心得体会。

（1）分析GPS导航仪的工作原理。

（2）总结安装训练用GPS影音导航系统操作的流程。

（3）如何保证在拆卸原车音响系统面板的过程中不产生对内饰的划伤？

项目三

汽车音响的升级与改装

【项目描述】

一些汽车音响爱好者将大功率放大器和电子网络器安置在轿车后备厢内，将超低音大口径喇叭和其他型号喇叭分别嵌入后窗下围板和车门板上，使用独立的直流电源，功率输出达上百瓦以上，音色浑厚优美，高低有错，把车厢内狭小的空间变成了令人愉快的音乐欣赏室，予人以美的享受。

汽车音响的升级和改装是一个系统工程，不仅需要根据原车声场布局，还需要考虑到主机、功率放大机构、传输机构和扬声器互相之间的匹配和高、中、低音扬声器的布局等综合因素。一个综合设计方案是汽车音响的升级和改装成败的关键。在整个过程中难度最大的是原车扬声器布局的改造、内饰件的美化和低音箱的制作。

【知识目标】

对汽车音响的组成、声场布局、调音有一定的了解。

【技能目标】

根据客户的要求，完成对汽车音响系统的升级和内饰件的改装。

【任务分析】

按照客户对汽车音响升级的要求，结合原车音响系统的特点，进行任务分析。第一分析声场环境，制定好隔音措施，保证音响的音质效果，完成一个综合的音响设计方案；第二拆下原车门板、各扬声器及音响主机，首先做好隔音工作，再根据方案对内饰门板进行施工改造，使之符合新装扬声器的安装要求；第三完成线路排布，扬声器（有的低音扬声器需要专门定制）、功率放大器的安装；第四接线并调试影响系统；第五安装功放时要考虑到功放的散热系统，要是在后备厢里，应给出足够的空间放行李，后备厢在摆放物品时不能影响功放的散热，不能影响备胎的拆卸。

【相关知识】

一、汽车音响的系统组成

1．软件与媒体

广播电台、CD、MD、卡带、DVD、MP3 等都是软件和媒体。

2．音源

音源是能解码出软件与多媒体的机构。收音机、卡式放音座、CD-Player 都是音源。

3．前级信号控制

在音源与功放之间，所有对于音乐信号的处理机件，都称为前级。例如汽车音响主机上对于音量大小的控制，就是属于前级的部分，它控制的就是信号的强弱度，还有高音与低音的调整、左右平衡、前后音量调整、以及 Loudless 响度控制。此外比较复杂的还有音频均衡器（EQ），数字音效处理器 DSP 是模拟体育馆、舞厅或是音乐厅等空间的声音特性。

4．汽车音响功率放大机构（后级）

前级控制的声音信号强度大多都只有几伏特，让信号的强度更强，使其可以用瓦特（W）来计算。这样将信号强化成功率输出的机构，就叫做功率放大器，也就是俗称的功放。

5．扬声器

将电能转变成声波的机件称为扬声器。扬声器是音频电能通过电磁，压电或静电效应，使其纸盆或膜片振动并与周围的空气产生共振（共鸣）而发出声音。按换能机理和结构分为动圈式（电动式）、电容式（静电式）、压电式（晶体或陶瓷）、电磁式（压簧式）、电离子式和气动式扬声器等，电动式扬声器具有电声性能好、结构牢固、成本低等优点，应用广泛；按声辐射材料分为纸盆式、号筒式、膜片式。按纸盆形状分为圆形、椭圆形、双纸盆和橡皮折环；按工作频率分为低音、中音、高音，有的还分成录音机专用、电视机专用、普通和高保真等；按音圈阻抗分为低阻抗和高阻抗；按效果分为直辐和环境声等。

6．传输机构

传输机构主要包含线材和接头。线材从材质、绞合结构，到直径、绝缘与阻抗值等，它们在设计与规格上的不同，都会影响信号或电量的传送。例如对要求声音品质的喇叭线而言，其材质的纯度必定是越高越好，否则太多杂质会影响声音的完全发挥。此外线材与器材间的端子亦非常重要，接点牢固与否、接触面积的大小、接头设计与材质以及接地是否良好，也会对声音效果产生重大影响。

目前市售的主机之中，很多已经具备了音源、前级和后级，囊括了音响构成的基本结构。

二、汽车音响的安装处理技术

汽车音响安装处理技术要注意以下四点，一是安装尺寸和安装技术，二是音响本身的避震处理技术，三是音质的处理技术，四是抗干扰技术。

1．安装尺寸和安装技术

轿车上的音响绝大多数安装在仪表板或副仪表板的位置上，而这些仪表板内的空间比较狭窄，汽车音响主机的体积必然要受到限制，因此国际上就产生了一个通用的安装孔标准尺寸，称为 DIN（德国工业标准）尺寸。标准的 DIN 尺寸为 178mm×50mm×153mm（长

×宽×深）。有些比较高级的汽车音响主机带有多碟 CD 音响等装置，安装孔尺寸为 178mm×100mm×153mm，又称为 2 倍 DIN 尺寸，多见日本机。而有个别品牌的轿车其音响主机属于非标尺寸，只能指定安装某种型号的汽车音响。所以购置汽车音响，一定要注意音响主机尺寸与仪表板上安装孔尺寸是否适配。

汽车音响的安装除了仪表板安装孔尺寸外，更重要的是整个音响系统的安装，尤其是喇叭和机件的安装技术。因为一辆轿车的音响优劣，不但与音响本身的质量有关系，还与音响的安装技术有直接关系。

2．避震处理技术

汽车的振动比较大，音响系统的安装技术要追求高稳定性和高可靠性。CD 部分采用多级减振的方法，要求线路板上的元件焊接绝对可靠。

3．音质的处理技术

汽车音响的音质处理已向数码技术发展。高级汽车音响带有 DAT 数码音响、DSP（数码信号处理器）、MP3 技术等，形成了数字化、逻辑化、大功率的 Hi-Fi 立体声系统。

汽车音响的音质优劣除了影响主机配置外，还有对喇叭的质量起到非常重要的因素。一般在汽车音响中，喇叭至少应占总投资的一半以上。因为制造优质的喇叭需要复杂的技术，价格不菲但其产生的高、低音效果往往是普通喇叭无法达到的。所以，汽车音响的喇叭一般是比较讲究的，尤其是多路分频喇叭更是如此。

汽车车厢空间有限，汽车音响喇叭是不可能带大音箱的，这就需要因地制宜地利用仪表台、车门、后围隔板等部件与喇叭有机地结合起来，形成一种类似音箱的构造原理，消除声波的相互叠加现象。当然，喇叭的安装位置往往影响着汽车音响的音质效果，同一对喇叭在不同的安装位置上就会产生不同的效果。因此中高级汽车音响喇叭的安装位置要经过种种测试后才能确定下来的。

4．抗干扰技术

汽车音响是处在一个非常复杂的环境之中，它随时受到汽车发动机点火装置及各种用电电器的电磁干扰，尤其是车上所有电器都用一个蓄电池，更会通过电源线及其他线路对音响产生干扰。汽车音响的防干扰技术就是分别对电源线的干扰采用扼流圈串在电源与音响之间进行滤波，对空间辐射干扰采用金属外壳密封屏蔽，在音响中专门安装抗干扰的集成电路，用以降低外界的噪声干扰。

三、改装汽车音响器件的选择

汽车音响的主要组成部分是主机、功率放大器和扬声器。在选购时，要特别注意这三部分的性能。

1．主机

判断音响主机的优劣，最直接的方法就是看它的技术指标。

（1）输出功率：现在的主机所标的功率绝大多数为音乐功率，在 40W～60W之间，功率不能太大。

（2）频率响应：人耳所能听到的频率范围在 20Hz～20kHz 之间，因此该指标最少要达到这个数值，而且越宽越好。

（3）信噪比：它是指音乐信号和噪声的比例，一般高档汽车音响都在 90 dB 以上，该数值越大越好。

（4）谐波失真（THD）：该指标体现声音再现的还原度，数值越小说明还原度越高，音响效果也就越好。

原则上没有特别的要求可以继续使用原车主机。

2．功率放大器

功率放大器是音响系统的心脏，功放功率的大小，质量的好坏对音乐的播放起着至关重要的作用。普通汽车的功放都设计在主机内，功率一般为10W～45W，但这样无法聆听多层次大功率的数码音乐。要想使声音达到最佳效果，就必须在系统中增加独立的功率放大器，其目的是将电源的12V电压升至35V～45V，以高电压推动大功率喇叭，这样动态范围增大了，音乐才能更完美地播放出来。选择功率放大器，首先，功率应与喇叭的功率相搭配；其次，要选择有内置分频器的功放，这样会使系统具有扩充性，可自由对功放和扬声器进行组合，同时也使调节简单易行，使得整套系统的音质得到提高；最后，选择较大的散热器，因为大功率的输出，必然会产生较大的热量，散热是维持功放基本工作的重要因素之一。

3．扬声器

扬声器（喇叭）选2分频或3分频单元好，因为这样较容易在车内产生声场效果，增加空气感和凝聚力。扬声器要和功率放大器匹配选择。

四、改装汽车音响功率放大器的部分功能分析

一款常见汽车音响功率放大器控制面板如图3-1-1所示，该功率放大器可以处理FL、FR、RL、RR四个通道，各功能开关和选项的说明如下：

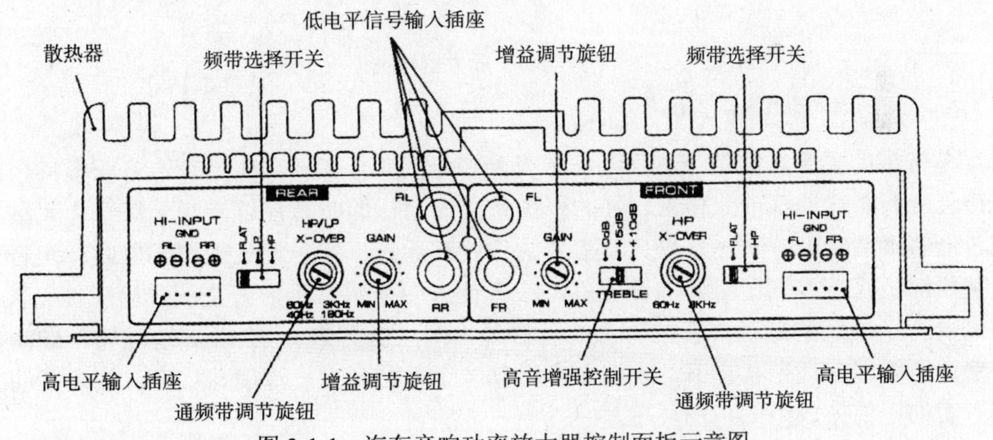

图3-1-1　汽车音响功率放大器控制面板示意图

（1）高电平输入插座，它们两个接来自经过原车主机放大以后的音频信号（二次放大），其优点是不需要更换原车主机，接线方便，但是主机放大的音频信号的杂声也会被其放大。

（2）低电平信号输入插座，它们两个接来自于解码后的信号，该信号由功率放大器独立完成功率放大，其优点可以减小杂声，更好地发挥功放自身的特点，但是需要更换原车主机。

（3）频带选择开关，左侧它有三个选项，全通、通高和通低，可以根据声场对喇叭的要求来设定，中音喇叭接全通，高音喇叭接通高，低音喇叭接通低。右侧的只有全通和通高。

（4）通频带调节旋钮，左侧的是可以设置通高和通低的频率值，右侧的是只能设置通高的频率值。

（5）高音增强控制开关，可以对喇叭的声场进行控制。

（6）增益调节旋钮，它是调节功放输出功率的大小，使得声强发生变化。

这款放大器的接线面板如图 3-1-2 所示，左侧一组插孔是电源，中间插孔是熔断器，右侧一组插孔是功率输出，接 FL、FR、RL、RR 和低音喇叭。

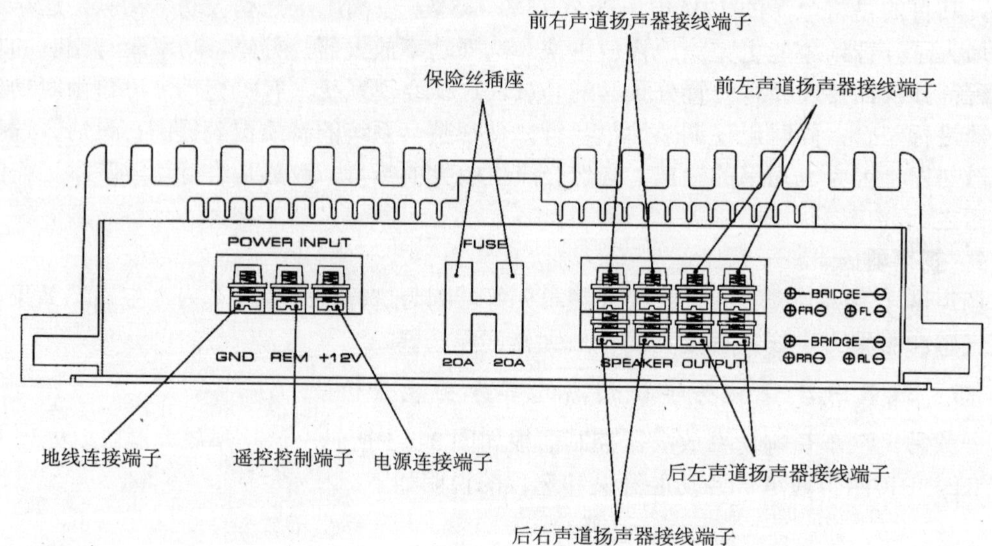

图 3-1-2 汽车音响功率放大器接线面板示意图

五、塑造汽车音响声场

汽车音响的主要功能是让驾乘人员感受到音乐的美，为驾乘人员营造音乐会舞台的效果，声音应有层次地从前方传来，好的声场就应该是让聆听者能够感受到舞台上表演者的存在，能够很清晰地分辨出乐器、演唱者的位置和远近。当声场处理得不好时，声音就会像是被压缩机直接塞到了听者的脑袋里，或者让人明显感觉到声音是从音箱中传出来的。另外需要特别注意的是当声音从听者的身后传出来（低音炮），会极大地破坏声场的真实和自然。所以，在理想状态下，我们希望得到一个具有高度、深度、广度，层次分明并且是在听者的正前方成型的声场环境。

建立一个好声场最重要的关键点就是扬声器的位置和方向，由于声音的方向性主要取决于高频部分，所以高音扬声器的安装也就显得至关重要了。比较理想的位置是：汽车仪表盘上方的左右两侧。当高音扬声器安装在这里时，能够有效地将声场提高，而且能够很轻松地将声场成型于听者的前方。但这样安装的难度很大，如何在仪表盘上方找到合适的安装位置，如何将扬声器固定等等问题都需要更好的安装工艺支持。另外，当高音扬声器被安装到仪表盘上之后，必然会和中频扬声器分开较远的距离，这是很不利于声场准确性的。所以要尽量合理安排，高音扬声器和中音扬声器相距不要超过 30cm。而且，高音扬声器和中音扬声器的方向要尽量都指向听者的位置。目前汽车音响改装是在汽车 A 柱的内饰件上开模改造后，增加两个高音点，用来达到这样的效果。

一般在汽车的后面会增加补充声场，满足后座的听者享受音乐的需要，同时如果对后面的这些扬声器调整不当，往往会导致前排座的听者感觉声音从脑袋后面传出。避免这种情况的第一种办法是需要将后声场扬声器的增益稍稍减小一点，但后座的声压会相应变小。第二种复杂一点，需要设置后声场扬声器的设置频带选择开关和通频带调节旋钮，例如：将高通设置为 80Hz，低通设置为 3kHz，这样只有 80Hz～3kHz 的声音从后声场传出，既保证不会产生低频失真又避免了高频声音把声场“拉”到后面，同时后座听者也感觉到音量足够大。

超低音扬声器通常安装在汽车的后备厢中。虽然理论上超低音是没有方向性的，但如果超低音扬声器的频段和后声场扬声器的频段有过多的重叠部分，则会让人感到后声场扬声器的低音部分是超低音扬声器低音的一部分，整个超低音声场被“锁定”在后面。后声场扬声器的高通频率设置不要太低。当前声场扬声器和超低音扬声器的频率衔接合适时，音乐中的鼓点声的基频由超低音扬声器发出，而鼓点的高次谐波部分（仍然属于低频段声音）则由前声场扬声器发出。这样听起来会让人感觉鼓声是从前声场发出来的效果。

六、改装汽车音响接线电路分析

按图 3-1-3 所示，连接好高电平输入、或低电平输入。

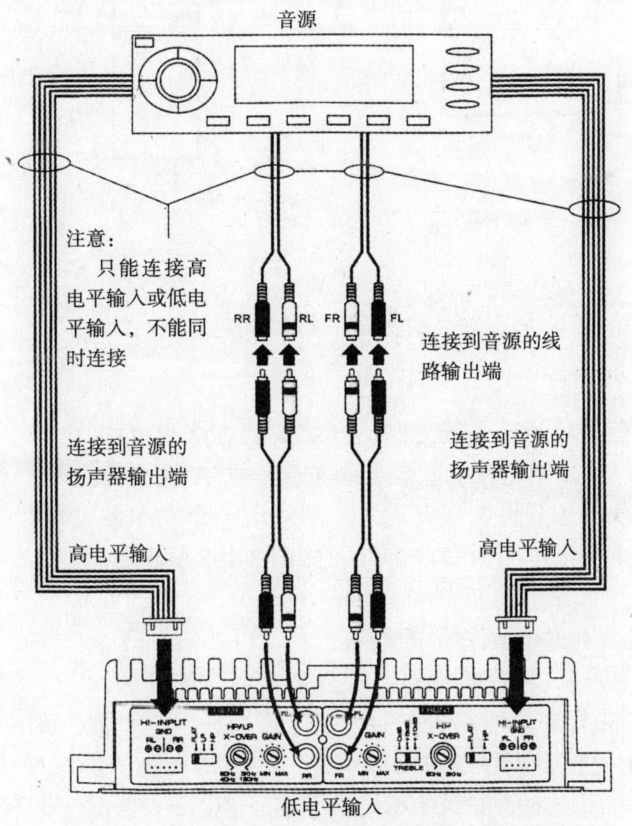

图 3-1-3　功率放大器控制面板输入连接示意图

按图 3-1-4 连接好 12V 电源和搭铁，将音源的 REMOTE 和功率放大器的遥控控制端子连接，前左、前右扬声器和低音连接好，完成一组三声道输出连接方式。

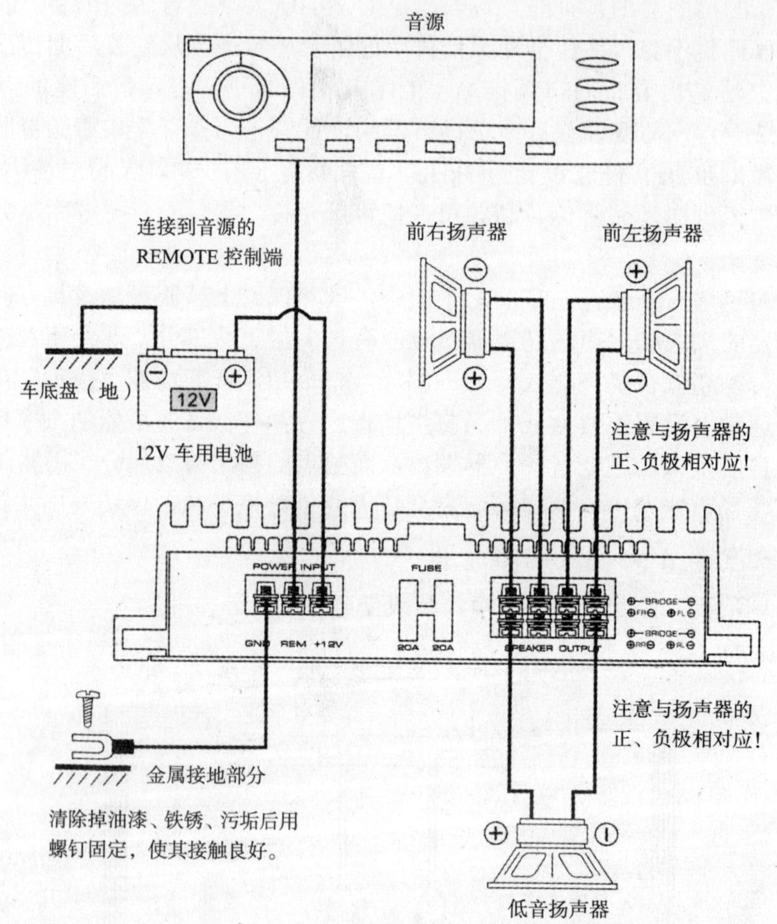

图 3-1-4 功率放大器输出面板连接示意图

【任务实施】

以别克君威轿车改装音响系统为例，介绍安装方法和流程。

（1）分析原车声场，制定音响改装升级方案。在 A 柱上设定两个高音点，车门面板下侧设定中音，在后备厢部分设置低音点，一组对应一个功率放大器。

（2）拆卸相应座椅、车门板和内饰件，如图 3-1-5 所示。

注意事项如下：

① 首先对拆的方位进行全方位的检查。

② 禁止硬扳、硬撬，要先拆螺钉，先外后内、先简后繁。

③ 拆卡子时，先弄清原理，找出受力点，再用适当工具撬，禁止盲目撬。

④ 如不懂或无把握要及时询问，特别是一些美国和德国的车型，它的结构配制大多是靠螺钉来固定的，而日本的车型就相对卡子多一点。

⑤ 拆下的卡子、螺钉、小盖板等配件要保管好，注意它的安装位置，装配时要逐步

还原。

⑥ 针对座椅拆卸，要及时了解是否可以拆下。

注意：部分车型座椅下面的连线与安全气囊、记忆模式电动座椅、车载 AV 系统、电加热等系统是相互关联的。如尼桑系列的车型和气囊关系比较复杂，别克商务顶级配置的 AV 系统、A6 座椅上带有安全气囊，拆卸时的注意事项等系列问题要先了解清楚后再予以拆卸，或有一些不予以拆卸。拆卸座椅时注意插线接头结构，以免插线用力过大导致散落。

⑦ 拆卸座椅时要注意到座椅不要刮碰到原车的方向盘、仪表台、门板、门边压条等物件特别是座椅底部的金属部位。

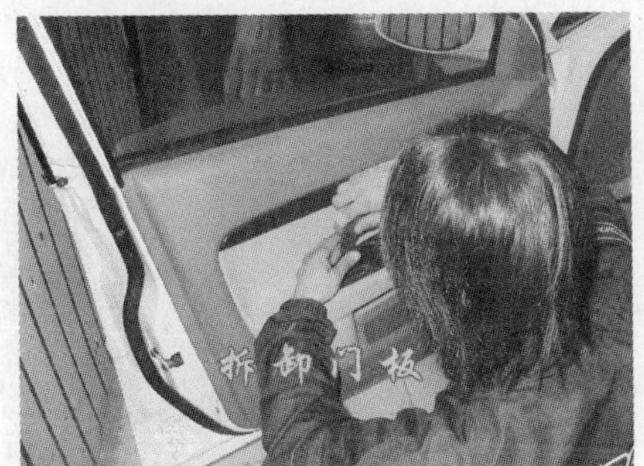

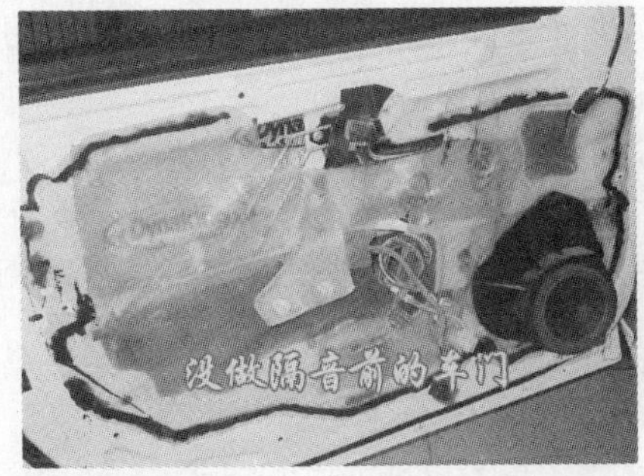

图 3-1-5　拆卸车门门板示意图

（3）做好全车隔音，如图 3-1-6 和图 3-1-7 所示。

图 3-1-6　车门隔音施工示意图

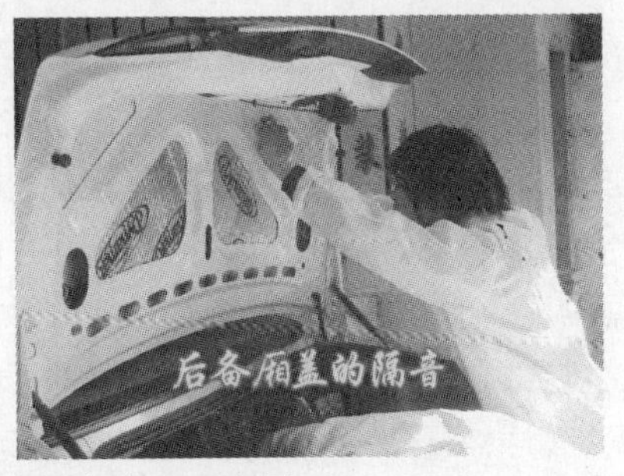

图 3-1-7　后备厢和后备厢盖隔音施工示意图

（4）根据安装扬声器尺寸规格，开模制作内饰板，如图 3-1-8 所示。

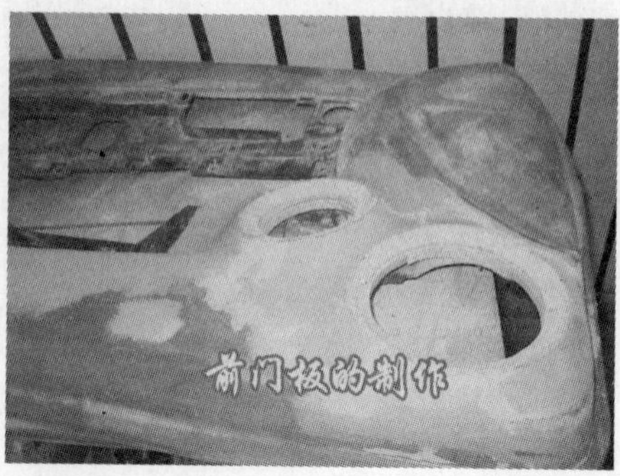

图 3-1-8　前门板开模施工示意图

（5）高音和低音音响制作和安装，如图 3-1-9 和图 3-1-10 所示。

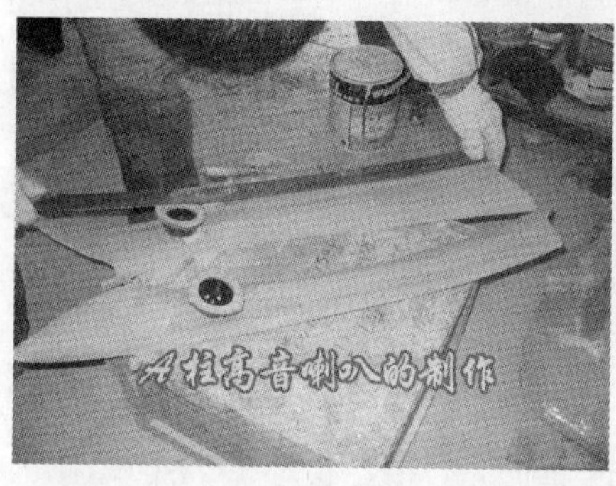

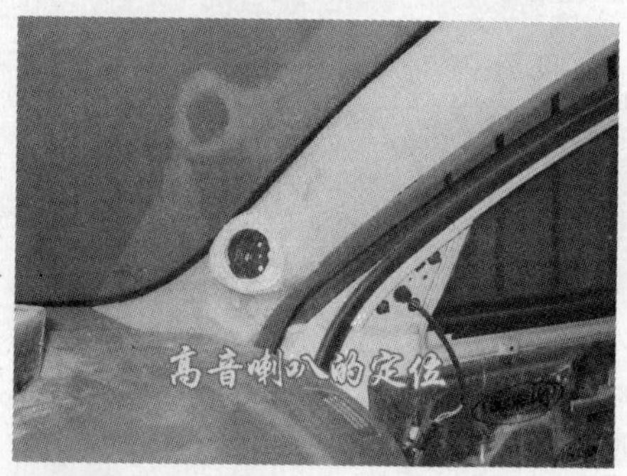

图 3-1-9　A 柱高音喇叭开模施工示意图

图 3-1-10　音响制作成型安装示意图

（6）内饰件包真皮，如图 3-1-11 所示。

（7）改装原车音响主机，如图 3-1-12 所示。

对安装音响主机线路判断注意事项如下：

① 主电源线的判断：当关闭钥匙、电笔搭铁测试原车音响时线束灯会亮，则可判断是主电源线。（可能有几根）

② 小灯线的判断：电笔搭铁测试时打开小灯，电笔灯亮；关闭小灯时电笔灯灭，则是小灯线。（注意不开小灯时，小灯线为负电，切勿与地线混淆）

③ 自动天线控制线的判断：打开原车音源于收音状态，有正电输出，此时天线升起。

关闭收音时天线会降下，则是自动天线控制线。

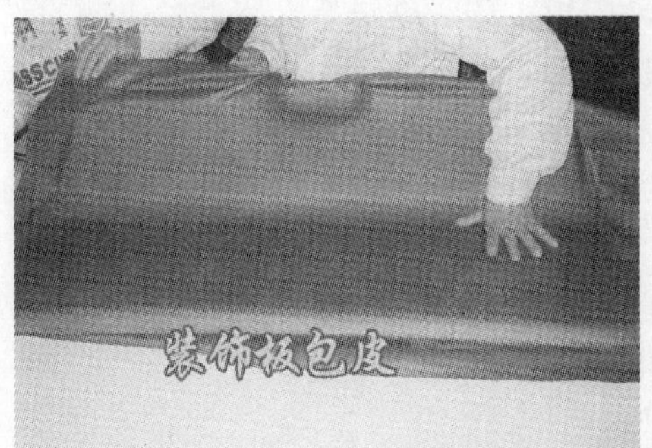

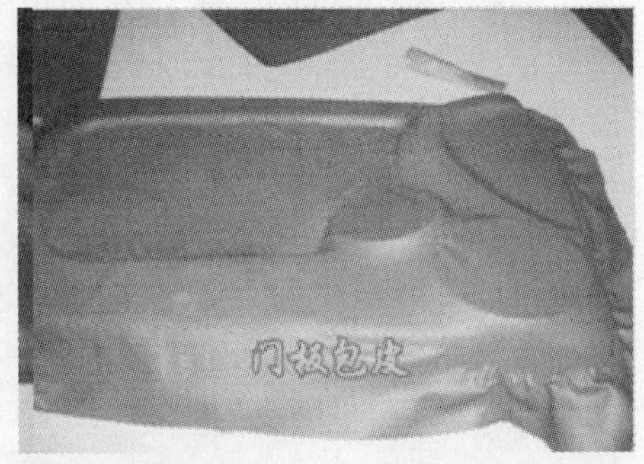

图 3-1-11　内饰门板包真皮示意图

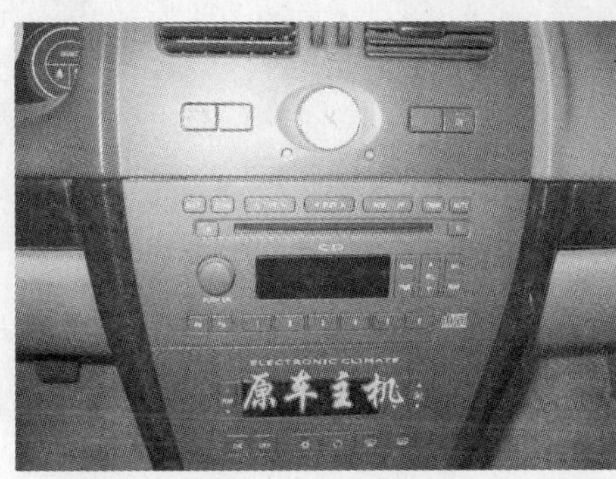

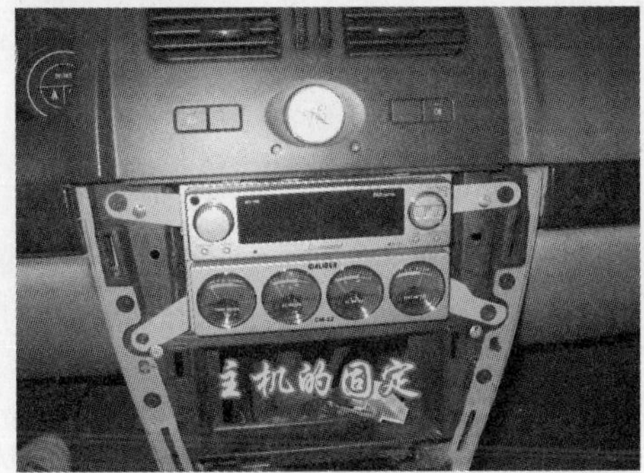

图 3-1-12　音响系统主机更换示意图

④ 喇叭线的判断：用电笔测试完所有带电的线后，用 1.5V 电池逐条测试，有叭哒声便是喇叭线。

⑤ 地线的判断：电笔搭正电测量所有余线时，灯会亮则是地线。（如有几根不能确定是地线的话，就直接搭铁）

（8）对全车音响线路进行布线，如图 3-1-13 所示。

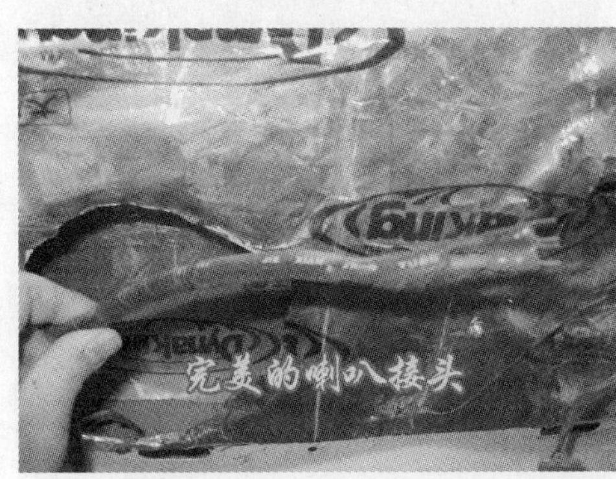

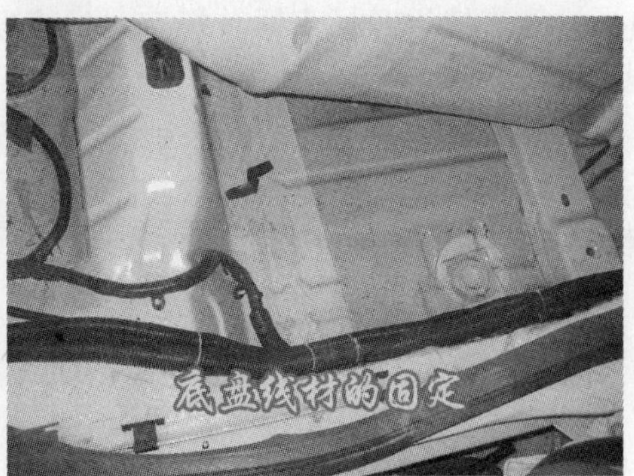

图 3-1-13　线路的制作和布线示意图

音响布线注意事项如下：

① 不可靠近热源，如发动机排气散热器。

② 不可布线在切口部分，如薄铁皮和硬塑料刀口处。

③ 不可靠近转动、移动机构部位，如转页、移动座椅。

④ 不可影响其他机构的正常工作，如电动门窗、门、铁链等。

⑤ 布线穿过挡板，隔板要加以相应的保护并密封。

⑥ 所有布线要固定并加保护套。

⑦ 当音频线、电视天线、计算机、电机与其他电源线平行时，至少保持 15 ㎝的距离，电视天线不可与收音天线并行埋设。

⑧ 音频线与其他电线相交要保持垂直交叉。

⑨ 布线不得堵住或遮挡各散热通风口和散热片。

（9）扬声器的安装和定位，如图 3-1-14 所示。

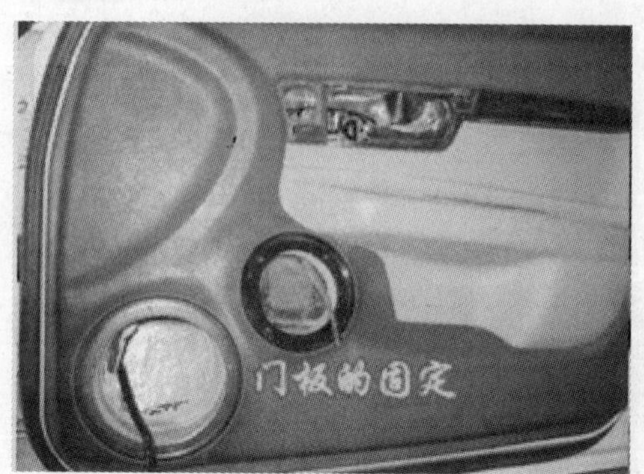

图 3-1-14　扬声器线路定位与安装示意图

扬声器安装注意事项如下：

① 在连接扬声器前，关闭机器，防止短路。

② 使用允许阻抗范围内的扬声器，并有足够的电源处理容量，以防损坏。

③ 不要把扬声器端子连接到汽车外壳上，或把左右扬声器的端子相连。

④ 不要把地线和扬声器的负端子相连。

⑤ 主机和喇叭线不能并联，外置功放必须在允许阻抗范围内并联。

⑥ 只能连接无源扬声器。把有源扬声器（带内置放大器）连接到扬声器端子可能会损坏主机。

⑦ 主机喇叭严禁桥接，功放桥接严格按照接线图连接。

⑧ 不要相互连接扬声器输出线。

⑨ 扬声器正端子、负端子、前后左右声道要一一对应相连。

⑩ 为避免故障，如果左右扬声器共用一组线，就不要使用安装在汽车里的内置扬声器电线。

（10）功率放大器线路连接，如图 3-1-15 所示。

线路连接时注意事项如下：

① 接线时要断开电池负极，防止短路。（有些车不能断开，如有 GPS 计算机，可能会丢失数据）

② 接线要牢固，不能有松动现象。

③ 细线单股回绞并拧紧，粗线分股分别回绞并拧紧，拧紧后不能有扎手、漏丝的现象。

图 3-1-15　功率放大器接线示意图

④ 胶带要绷紧，牢固美观，不能有翻翘、铜丝外露。

⑤ 每次使用电器主火线前必须有相应规格的保险，保险越靠近电源越好，严禁不设保险，或加大保险。

⑥ 搭铁要牢固，必须有接线端子，严禁接于不明地线，以免引起其它电器故障。

⑦ 为了防止短路，只有在其它线路全部接完后，才能接通电源，且点火钥匙必须关闭。

⑧ 用胶带缠好其他不用的电线，防止发生意外接触。

⑨ 务必首先连接地线，然后连接火线和 ACC。

⑩ 当断开总线电缆或其它电缆时，必须抓住连接器，不要拉电缆，否则电缆可能断开。

⑪ 当连接电源线时，即使点火钥匙关闭，也总是向记忆电路供电。

⑫ 没有继电盒的电源天线不能与天线控制线直接连接。如有大功率的功放设备与功放控制相连时，加保险或继电器。

（11）按照汽车音响声场的要求，调整功放的输出，如图 3-1-16 所示。

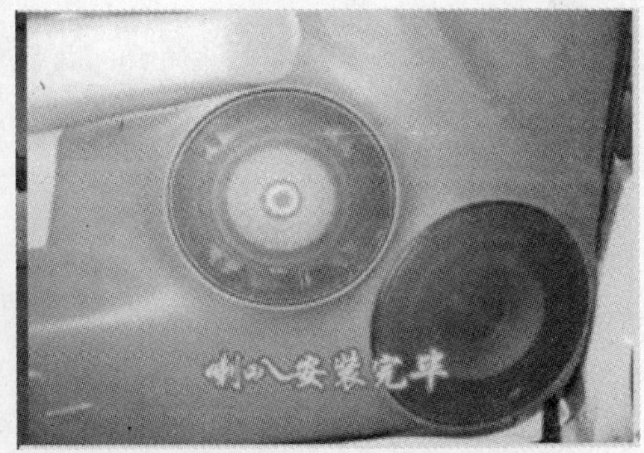

图 3-1-16　音响系统调试完成后效果图

【评价标准】

（1）线路布局合理、安全。

（2）内饰件安装美观。

（3）实现影音功能，高、中、低音声场效果好。

【思考与练习题】

通过对汽车音响的施工训练，谈谈你的心得体会。

（1）如何塑造汽车音响声场？高、中、低音点如何布局？

（2）总结隔音施工的技术要领。

（3）如何选配音响中的元件？

（4）功率放大器的高电平输入和低电平输入有什么不同？

（5）分析安装音响主机线路，谈谈你的心得体会？

（6）安装音响布线应注意些什么？功放连接线路时应注意些什么？

项目四

汽车饰品装饰培训

【项目描述】

汽车装饰是由汽车衍生而来的一个行业，主要是指在原厂车的基础上通过加装、改装或更新车上装备和物品，以提高汽车的美观性、舒适性和安全性的行为，所增加的附属物品即为汽车装饰品。

汽车装饰按照装饰部位的不同可以分为汽车的内部装饰和汽车的外部装饰。外部装饰主要包括车身外的顶盖、车窗、车身周围、车灯及车轮和底盘的装饰。内部装饰是对汽车驾驶室及乘客室进行装饰，包括地板、篷壁、座椅、仪表盘等。值得注意的是：对汽车进行装饰主要是按照车主的意图改造汽车，然而并非可以随心所欲地对汽车的外貌和内饰进行修改。汽车装饰的过程必须遵循一些基本原则，同时也必须严格按照国家相关法规执行，否则将给车主带来很多麻烦，甚至会影响到汽车的基本性能从而带来很多安全隐患。

2001 年 10 月颁布的《中华人民共和国机动车管理办法》明确规定，机动车不得擅自改装。如果改装的要求太过离谱，改出来后会面目全非的，车管所一般不会批准。在车身颜色方面，有三种颜色不能批准：红色（消防专用）、黄色（工程抢险专用）、上白下蓝（国家行政执法专用）。

装饰轿车应掌握一定的步骤，由表及里、先主后辅。具体步骤是先装饰车窗玻璃，后装饰车内的前部与后部、前排中央位置、坐垫和背垫以及其他饰物。

【知识目标】

（1）了解汽车内外装饰的主要项目。

（2）熟悉汽车内外装饰的目的及作用。

（3）掌握汽车内外装饰各项目的主要内容。

（4）掌握汽车内外装饰各项目的实施要点及注意事项。

【技能目标】

（1）会应用汽车内外装饰各项目的工具和设备。

（2）根据实际情况选用合适的装饰方法。

（3）学会汽车内外装饰各项目的操作方法。

（4）用先进的技术解决汽车内外装饰中的疑难问题。

任务一 汽车真皮座椅的更换

【任务描述】

汽车座椅的装饰主要集中在表皮层，主要是对表皮层材料的选用和加工制作。表皮层材料主要用棉纺织物、化纤及混纺等纺织物和皮革等。目前，以化纤混纺织物和皮革为最广泛，以真皮装饰为最豪华。在座椅的装饰中，还可以通过功能扩展、加装精品等方式来提高座椅的装饰性和使用性。

【任务分析】

汽车真皮座椅目前已成为汽车高档内饰的标准之一。通过对原先座椅的更换更可提升汽车的档次与舒适性。

【相关知识】

一、真皮的种类

真皮制品由动物皮革制作而成的，种类如下：

（1）黄牛皮革：毛孔细小，呈圆形，它的分布均匀紧密，毛孔伸向里面，革面丰满光亮，皮板柔软，纹路细密、结实，手感紧实而有弹性。

（2）水牛皮革：皮层表面凹凸不平，革面粗糙，毛孔粗大、稀少。

（3）猪皮革：毛孔粗大，一个毛孔三根毛，呈三角排列，毛眼相距较远，皮层表面不平整，革面粗糙，柔软性差。

（4）羊皮革：分为山羊皮和绵羊皮两种。山羊皮革面纹路是在圆弧上排列 2～4 根粗毛孔，周围有大量绒毛孔；绵羊皮板薄手感柔软，毛孔细小呈扁圆形，由几个毛孔构成一个组，排成长列，分布很均匀，但不结实。

（5）马皮革：毛孔椭圆形，不明显，比牛皮革孔略大，斜入革内呈山脉形状，有规律排列，它的革面松而软，色泽昏暗。

二、汽车坐垫的功能

（1）提高舒适性。柔软的汽车坐垫使身体与座椅更加服帖，可减缓汽车颠簸产生的震动，减轻旅途疲劳。

（2）改善透气性。夏季使用的硬塑料或竹制品坐垫具有良好的透气性，给人以凉爽的感觉，有降温消汗的功能。

（3）增强保健性。汽车保健坐垫可通过震动按摩或磁场效应，改善乘员局部新陈代谢，促进血液循环，消除紧张疲劳，达到保健目的。

三、汽车坐垫的种类

（1）柔式坐垫。它主要由棉、麻、毛及化纤等材料制成。棉麻混纺坐垫具有透气性优良、韧性强、易于日常清洁护理等特点；棉毛混纺坐垫具有柔软、舒适、透气性能好等特点；化纤混纺坐垫透气性好、价格低，但易产生静电。

（2）帘式坐垫。它主要由竹、石或硬塑料等材料制成小块单元体，然后将单元体串接成帘状制成坐垫。该坐垫具有极好的透气性，是高温季节防暑降温的佳品。

（3）保健坐垫。该坐垫是根据人们保健需求而制成的高科技产品，当乘员随车颠簸震动时可起到自动按摩的效果。另外，该坐垫的磁场效应对人体保健也大有益处。

四、汽车坐垫的选用

一是根据气温条件选用。当气温不高时应选用柔式坐垫，利于保温，并提高舒适性；高温季节应选用帘式坐垫，以利于防暑降温。

二是根据汽车档次选用。中高档轿车可选用材质极好的纯毛坐垫或保健坐垫，另外中高档轿车空调效果较好，高温季节也不必使用帘式坐垫，以提高舒适性。

【任务实施】

常见真皮座套的更换工艺如下：

（1）拆卸座椅。更换真皮座套，必须先把原座椅拆卸下来，取下原来的座套。拆卸座椅应使用专用工具，因为汽车在制造过程中，对座椅的安全性有严格的规定和要求，没有专用工具很难将座椅拆下，如图 4-1-1 所示。如用非专业工具硬撬猛敲，盲目施工，将造成拆卸部位的变形，再安装时，难以保证原车的安全可靠性。

图 4-1-1　拆卸座椅图

（2）制板下料。要制作与座椅配套的牛皮座套，先要用原车座套制板，再根据板形对牛皮裁剪下料。其中制板非常重要，很大程度上决定着真皮座套制成后是否得体、好看，如图 4-1-2 所示。

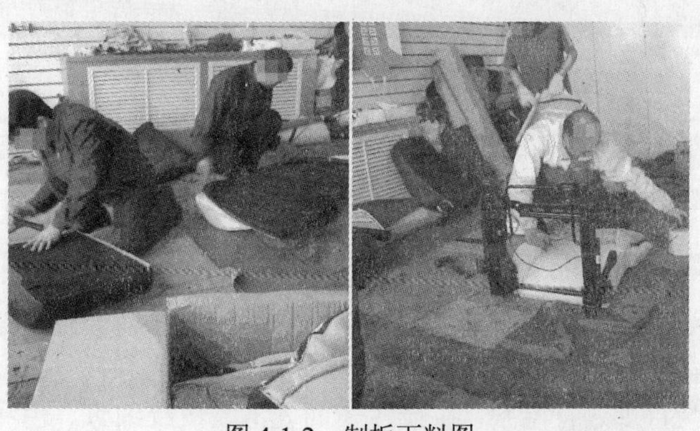

图 4-1-2　制板下料图

（3）缝制加工。对裁好的皮料用缝纫机进行缝制，缝制应一次完成，不能修改。否则，皮料上会留下明显的针孔。做工要细，成品表面能看到的只有明线和“做缝”，明线必须横平竖直，“做缝”要在3mm以上。否则，皮套在使用过程中可能由此开裂。

（4）皱折处理。加工时对坐垫和靠背部分应进行皱折处理或选用打孔皮，因为这两个部位在使用中长期受压，一定要预留伸缩量，以确保长期使用而不会产生变形。

（5）安装。如图4-1-3所示，牛皮座套制成后，在安装前先在座套下面垫上12mm～15mm厚的带网底的海绵，再套上座套，将卡钉装上即可。

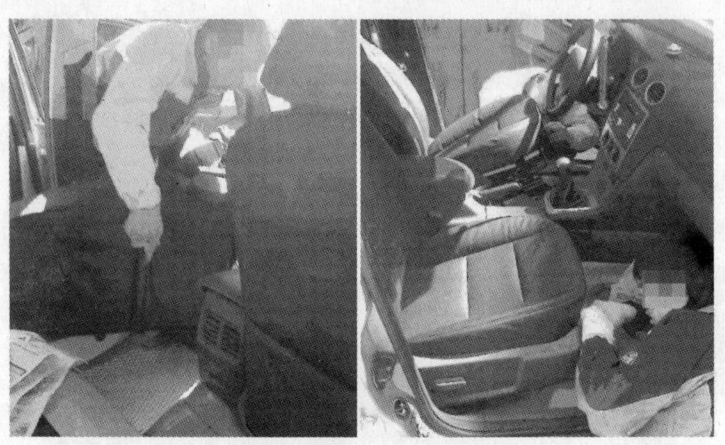

图4-1-3　座椅安装图

安装完工后的效果，如图4-1-4所示。

图4-1-4　安装后效果图

【知识链接】

优质皮的鉴别方法

牛皮最多可分割为八层，最外层的为头层皮，质量最好；其次为二层皮，它的强度弹性和透气性都不如头层皮。

从专业角度来讲，鉴别汽车皮革好坏要从气味、密度、耐光性、耐迁移性、雾化性、热黄变、耐摩擦性等方面来判断。

（1）看：用眼睛直观进行鉴别，头层皮表面光滑，皮纹细致、色泽光亮且没有反光的感觉。厚度在 10mm～12mm 之间（以前为 10mm～20mm），且厚度均匀，如果皮纹不明显，只有异常光滑，则说明皮质在加工过程中进行了磨面处理或是用二层皮喷上颜色后压出皮纹而制成。

（2）摸：用手摸皮面，质量好的头层皮摸起来手感好，柔软舒适些，滑爽而且富有弹性，若布面板硬或发黏均为劣皮。

（3）闻：闻皮革的气味，好的有自然的皮香味，装上车后再次打开车门有一股令人舒适的香气。劣质的牛皮通常带有强烈的刺激味。

（4）拉：用两手拿住皮子的对角，稍用力向两边拉，好的牛皮拉起来变形不大，牢靠度较好、弹性好、延伸率和涨幅适中，同时有一种刚柔相济挥洒自如的感觉。如表面出现缝痕或露出浅白的底色，则说明皮子弹性和染色工艺不过关。

（5）擦：用潮湿的细纱布，在表面上来回擦拭 7 次～8 次，并查看布上是否有颜色，若有脱色现象则说明是劣质皮。

【评价标准】

（1）真皮包裹服帖，没有线头、破损。

（2）座椅安装牢靠。

【思考与练习题】

通过对座椅包真皮的训练，谈谈你的心得体会。

在座椅包真皮的过程中，应注意些什么？细节上如何能够做到美观？

任务二　汽车桃木内饰选用

【任务描述】

桃木饰件就是将桃木或者仿桃木制品镶嵌在仪表板、中控板、变速杆头、门扶手、方向盘等部件外表面的一种装饰。桃木或仿桃木材料具有美观、高雅、豪华等特点，其独有的花纹图案可获得特殊的装饰效果。高中档轿车在内饰上配置木质材料以显示豪华气势，中低档轿车在内饰上配置仿木质材料以提高档次。因此，目前流行木质或仿木质内饰，来体现轿车的装饰高档化，如图 4-2-1 所示。

图 4-2-1　桃木饰件示意图

【相关知识】

桃木亦名“降龙木”，其实汽车上使用的桃木并不是真正的桃木，而是胡桃木、核桃木和樱桃木。真正的桃木是山桃木，也就是水果中桃子的母体。山桃木木材处理起来非常困难，它本身就是果树，所以含有过高的糖分和果树胶。为了使它做成成品后不变形、不开裂，要经过泡、煮、焐、烘、晾等 81 道工序，处理周期长达三个半月。为此，汽车上使用的所谓的桃木其实均为胡桃木、核桃木和樱桃木。

最早采用桃木饰件的是半世纪前的英国劳斯莱斯汽车公司，当时的英国汽车内饰工艺师们以手工制作桃木和真皮内饰件，设计出了一辆具有皇室气派的高级轿车。其后著名汽车生产厂家纷纷效仿，如奔驰、宝马、宾利等，都采用此内饰设计，以其真皮或丝绒内饰搭配，色调和谐，风格统一，尽显非凡的典雅气派。

国内率先制作豪华桃木内饰板，用于方向盘、排挡头等部件装饰的是一汽轿车股份公司，并首先在“小红旗”轿车上采用。上海通用与广州本田 Accord 也随后进行试装，在 1999 年的北京国际汽车展览会上，展出了有豪华内饰的别克和 Accord 样车，一汽大众的奥迪 C5、上海大众的桑塔纳时代超人也展出了豪华内饰的样车。可见，国内各大汽车厂家认定进行车内豪华装饰是提高档次与增强竞争力的必然选择。

最引人注目的重新复苏生产并限量发售的顶级豪华轿车“迈巴赫”，更是大量采用桃木配饰，除仪表板、中控台外，中央扶手、门内板、后扶手、调控板、后冰箱、杂物箱等更是超乎寻常地大面积采用了雅致的桃木配饰，整个内饰透出华丽富贵之气。这在劳斯莱斯上也有类似的体现，难怪人们把桃木配饰的多少与车的豪华程度联系起来。现在，世界各大汽车厂家的高档至中档汽车都有采用，形成没有此等内饰装置的轿车都不能称为豪华轿车的市场心态。

随着轿车内饰工艺的不断进步，出现了大量成本低廉的仿桃木花纹塑料覆盖件生产工艺。仿桃木几乎能够以假乱真。仿桃木饰件品种繁多，如出风口、仪表台、仪表盘、中控台面板、换挡基座、换挡手柄、方向盘把手、门内扶手上的控制台面等，为中高级轿车大量采用仿桃木饰件创造了条件。如福特蒙迪欧、尼桑风度、丰田佳美、本田阿库拉等都有仿桃木配饰。在国产轿车中有别克系列、奥迪 A6 系列、广本雅阁、奥德赛和风神蓝鸟。

由于桃木饰件有很大的市场，成本低廉、质量不高、做工粗糙的仿桃木贴面便成为许多经销商的赚钱法宝。这种产品视觉效果极差，能明显看出是塑料而不是木料，不但不能起到衬托内饰高雅、豪华的效果，反而显得低级俗气。

【任务实施】

一、桃木饰件真伪辨别

桃木具有纹理优美、坚韧、不会变形等优点，成为高中档轿车内饰材料的首选。

按照传统方式，桃木的加工是相当精细和繁琐的。据劳斯莱斯汽车公司介绍，每辆汽车内的仪表板和车厢木饰，无论颜色和纹路都完全一致，拼缝接口处几乎看不出接缝的痕迹。再经最原始打磨工艺，即用蜂蜡打磨 8 次，令表面光滑如镜。整个制作过程大概需要两个星期才能完成。

仿桃木则是用塑料仿造桃木纹理制成的。由于现在的贴膜技术可令仿制品做得惟妙惟肖，以假乱真，纹路、光泽与真的木质材料极为相似。甚至行家也只能靠油漆辨别真伪，因为只有实木才需要多层油漆来防潮和防紫外线照射。当然，成批生产的塑料仿制品的纹路图案可能是件件都一样，而天然的木质内饰的纹路图案却是独一无二的。现在有一些塑料制品需要喷涂专用清漆等涂层材料以抗老化，缩小了仿制品与实木饰件的质量差距。还有一种制造方法，就是在塑料基体上粘贴一层极薄的桃木镶饰，看上去与实木饰件完全一样，因此可以自称为桃木装饰件。

二、桃木饰件的选用

有些经济型轿车的车主为了追求个性化、差异化，纷纷通过自我改装仿桃木饰件来充实内饰，以提高汽车档次。为了迎合个性的需要，市场上出现了一些豪华的仿桃木饰件。但是有些桃木饰件并非原厂的配套产品，往往是一些采用成本低且质量不高、做工粗糙的劣质仿桃木贴面，用户安装后不但没有起到衬托内饰高档、豪华的效果，反而显得低廉、俗气。特别是经过一段时间的使用后，贴皮脱胶翘起，日晒高温后会褪色变形，显得老旧不堪，有的甚至会影响车子质量与安全性能。轿车木质内饰主要起美化作用，要根据车型、档次及需求合理选用和安装，其造型、色彩搭配、材质感都应当给人以良好的感受，同时还应具有阻燃功能。

安装桃木内饰最好选用原厂标准件。原厂标准件是木质片与原装置的标准塑料或金属件复合为一体的部件，其表面经过严格的亮漆处理，面漆经过硬度、耐光性、高温（+90℃）与低温（-40℃）等长时间循环试验。用原厂标准件安装，不需要用胶水或其他胶贴。

目前市场上有各种所谓豪华车内饰件，绝大部分不是原厂的产品，用户安装后不但不能达到原厂豪华内饰设计的效果，反而影响汽车的质量与安全性能。以方向盘为例，它是汽车上很重要的安全件，与车辆操控有直接关系。目前市场大部分可购买到的豪华方向盘都不是原厂方向盘，主要分为两种：一种是在原来方向盘上加皮套或木质塑料套，此装置大大影响驾驶员对车辆转向的操控，因为加上外套后方向盘总圆径与抓手部分的小圆径都加大，影响转向的行程，而外套使用时间长了与原方向盘的接触也不稳固。另一种是在自制方向盘上加一个通用的连接器。此装置比第一种危险性更大，因为原厂方向盘的骨架是经过非常严格的原厂测验，除了保证正常使用外，也保证发生意外时不会断裂。而上述方向盘绝大部分没有原厂骨架，只是自制木圆架或金属圈，车辆遇到撞击时驾驶员是非常危险的，而通用连接器不能把方向盘与转向柱像原厂一样直接连接在一起。汽车厂在作整车设计时，驾驶员的操控舒适性与安全性是非常重要的，而方向盘是驾驶员操控最多、最直接的部件，绝不能使用不符合原厂标准的部件。

目前市场上大部分的桃木饰件需要用胶水或双面胶纸粘贴，表面是一层印制木纹的软塑料或薄木片，胶贴完成后会发现大部分的圆弧位置没法贴合或很容易松脱，脱落后的胶纸或胶严重影响原塑料件的外观，整体效果除了不如原厂原件外，加上外贴件的厚度，更会影响一些开关按钮的行程。车辆在夏季露天停放，车厢内温度可达 80℃～90℃，部分表面软塑料因承受不了高温而脱落或发出异味。而表面桃木薄片因没有经过特殊加工处理，无论在夏季或者冬季，都容易因热胀冷缩而破裂。

选装豪华桃木内饰的目的是要把爱车档次提高，如果安装不合标准的部件而影响整车的装饰效果、安全性与操作性能，则得不偿失。因此，选装时一定要慎重。

【知识链接】

汽车桃木内饰保养

一、日常保养

新车做了桃木内饰后，最好能每天用柔软的湿布条擦拭一遍，以擦去粘在上面的灰尘，用来保持桃木的正常光泽。在擦拭过程中，切记不要用干硬的布条直接擦拭，也不要用酸性或者碱性的液体，这样都会损伤桃木上面的光釉。

二、老化后如何保持光泽

汽车的桃木内饰也有一定的寿命，特别是它表面的光釉在使用一段时间后，在逐渐磨损后会导致整个桃木内饰出现黯淡无光的现象，术语叫做“亚光”。这些都是正常的现象，当出现这种现象而桃木内饰还完好无损不需要更换的时候，可以采取下面的办法让其重新恢复光泽：

一是在汽车打蜡时可以给桃木内饰上打一点蜡，然后用柔软的湿布条快速地在上面擦拭。因为桃木内饰出现黯淡无光的现象是因为上面的光釉光泽度降低，而汽车打蜡的目的就是让光釉重新焕发光泽，在打蜡擦拭的时候，切记擦拭的速度要快。

二是当打蜡也已经无能为力的时候，就表明汽车桃木内饰上的光釉已经磨损得所剩无几了，此时最好的办法是抛光后重新喷釉，但很显然经常抛光会损伤桃木内饰。

【思考与练习题】

谈谈桃木内饰的选用原则。

任务三　雨刮器片的更换

【任务描述】

雨刷大致分为两种结构类型：通用雨刷和软骨雨刷。软骨雨刷是近些年出现的新生事物，发源于欧洲，正处于市场的生长初期，制造技术、产品结构还在不断完善之中。我们通常所指使用较多、认识时间最长的雨刷，是经历将近一百年变革而成为现在我们所通常看到的通用雨刷。其从安装方式上可以分为钩式、插式和螺钉三种类别。雨刷支架分为金属材质和塑料材质，雨刷橡胶条是直接接触玻璃的，它的质地直接反映雨刷的质量。粗略来看，好的胶条放在手掌上刮一下就可以感觉到它的质感很好，柔软而有弹性，用手拉伸其回复弹性强，质量差的则反之。雨刷的常用规格从 12 英寸～26 英寸（1 英寸=25.4mm）不等。各种车型的雨刷规格并不相同，一般来说，轿车的雨刷尺寸在 18 英寸～22 英寸之间。

【任务分析】

测量雨刮尺寸，快速安装。

【相关知识】

一、挑选雨刷的注意事项

（1）弄清楚汽车使用的是哪种规格的雨刷，可以参考随车手册。

（2）要注意金属摇臂连接至雨刷的方式是否匹配，因为有的摇臂是用螺钉固定到雨刷上，而有些则是用建点的凸扣锁死的。

（3）将雨刷拉起来，用手指在清洁后的橡胶雨刷上摸一摸，检查是否有明显损坏及橡胶的弹性如何。若橡胶老化、硬化，出现裂纹，则此雨刷不合格。

（4）在试验时，将雨刷开关置于各种速度位置处，检查不同速度时下雨刷是否保持一定速度，特别是在间断工作状态下。

（5）检查在刮水状态下，摇臂是否存在摆动不均匀或雨刷漏刮的现象。如果出现以下三种情况，说明此雨刷不合格。

① 摆幅不顺、雨刷不正常跳动。

② 橡胶之接触面与玻璃面无法完全贴合，而产生擦拭残留。

③ 擦拭后玻璃面呈现水膜状态，玻璃上产生细小条纹、雾及线状残留。

（6）在试验时应注意电动机有无异常噪声，尤其应引起注意的，是当雨刮电机“嗡嗡”作响而不会转动时，说明雨刷机械传动部分有锈死或卡住的地方，这时应立即关闭雨刷器开关，以防烧毁电动机。

（7）根据原厂雨刷尺寸购买。

二、雨刷的使用与维护

雨刷的基本构造是钢丝和橡胶条，有一定弧度的弹性钢丝的作用不仅是支撑橡胶条，还可以使雨刷各部分紧贴住玻璃表面。用于制造雨刷的橡胶也是经过特殊处理的，它不仅要有足够的弹性、韧性和抗老化性能，表面还有一层石墨。正是这层石墨才使雨刷在玻璃上顺畅地滑动。

很多汽车雨刷臂的下方有一个类似扁铲的塑料片，它的作用有两个：一是在高速行驶时靠气流使雨刷仅仅压住玻璃表面而不至于浮起来；二是冬季用来铲掉玻璃上的积雪。

在正常情况下，雨刷的寿命大约为一年，如果气候特别恶劣，比如温差大、紫外线强度高，寿命有可能缩短。

雨刷胶条上有一层薄薄的石墨，它主要起润滑的作用。当这层石墨磨损殆尽后，雨刷会在玻璃上跳动，这时胶条就需要更换了。如果非等到胶条已经破损才更换，雨刷的钢丝或支架就会直接摩擦到玻璃，这样就得不偿失了。

【任务实施】

雨刮器片更换方法

1．拆卸

（1）竖起雨刮器臂，为更换雨刮器片做准备。

（2）一只手抓雨刮器片，另一只手按住雨刮器片固定杆，从雨刮器片固定装置上分离雨刮器片。

（3）向下移动雨刮器片后，向箭头方向拆卸雨刮器片，如图 4-3-1 所示。

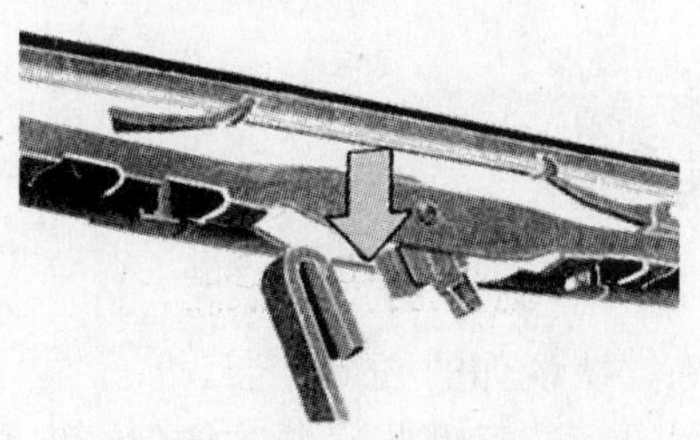

图 4-3-1　雨刮器拆卸示意图

2．安装

（1）如图 4-3-2 所示，把新的刮水器片水平放置后将固定杆朝下，然后将雨刮器片孔对准固定杆并向下插入。

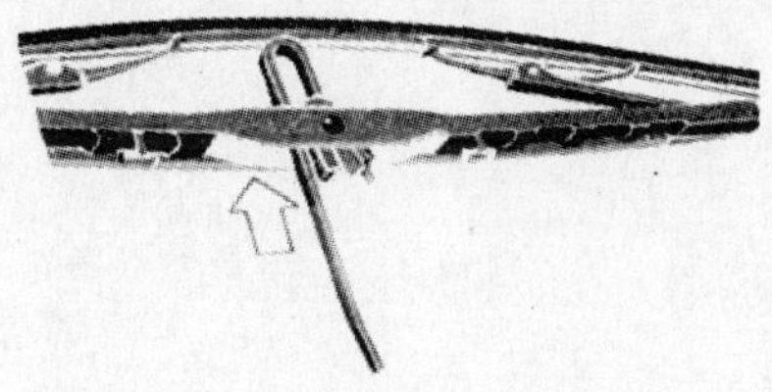

图 4-3-2　雨刮器安装示意图

（2）把雨刮器片朝上推到最高位置，然后把固定杆安装到雨刮器臂上。听到“咔嗒”的声音为止，这说明安装位置是正确的。

【知识链接】

汽车雨刷（雨括片）器常见故障诊断

诊断 1：雨刷硬化，应更换雨刷或橡胶片。

诊断 2：雨刷臂弹簧弹力不足，应更换雨刷臂。

雨刷借助雨刷臂弹簧的力量而与挡风玻璃紧密接触。当弹簧的张力变弱时，会由于高速行驶时带给挡风玻璃的强大风压而使雨刷浮起或挂在挡风玻璃上。为了彻底排除此故障，最好整组更换雨刷臂。

1．将雨刷臂安装部分的套子拆下来。

2．将固定用的螺母转松后拆下。

3．将雨刷臂放于直立的状态，然后稍稍动一下就会脱落。

4．在新的雨刷臂上换上雨刷本体。

5．在雨刷的停止位置将螺母转紧，最后将盖子装上即可。

诊断 3：雨刷不灵活急救法——抹肥皂

雨天驾车行驶时，不论雨是大是小，如果雨刷的故障无法排除，不能有效刮干净挡风玻璃上面的雨水，人的视线就会极度下降，安全就没有保障，无法继续行车。此时，可以用抹肥皂的土办法来解决。就是在挡风玻璃上面抹一层肥皂，最少可以维持三四十分钟的清晰视线；同时还可将肥皂涂抹在后窗玻璃上，改善后视不良的状况。

【评价标准】

（1）安装牢靠。

（2）雨刮片长度符合规定。

【思考与练习题】

通过对雨刮片的更换训练，谈谈你的心得体会。

总结在更换雨刮片的过程中应注意哪些问题才能保证安装可靠、高效。

任务四　汽车小饰品的选择与安装

【任务描述】

汽车内外的小饰品既能美化车内环境，又能给车主带来几分愉悦，这样可以营造出温馨舒适的环境。

【任务分析】

汽车的小饰品分为外部小饰品和内部小饰品。内部小饰品包括挂件、贴饰、摆饰及汽车眼镜架、手机架、方向盘套等；外部的装饰小件包括雨眉、车牌架及防撞条等。车内部的小饰品安装较为方便，只需在选择时注意遵循安全、美观与协调性的原则即可。而在外部小件的安装时就有一些注意事项及小技巧，下面就以雨眉、车牌架及防撞条为例作介绍。

【相关知识】

雨眉是在车门上方挡雨且不让雨水流进车身的那种有机片，是汽车装饰另外加装的，一般汽车出厂时没有配置。

如果未安装雨眉，在雨天开窗户不仅会让雨点落到车内来，打湿内饰件和车内物品，也会在高速行驶的时候产生旋涡状气流和风噪声，破坏驾驶感受。

安装了雨眉之后，无论是在何种天气，在开车的过程中打开侧窗时也不会有雨点、尘土刮进车内，因为雨眉和侧窗之间会形成负压气流，会抽出车内空气，保持车内空气清新。

防撞条是贴于车身突出部位的一层特殊保护层，主要用于减轻车身轻微或中度碰撞时受到的损伤，同时还具有美观的功能。

车牌架是用来固定车牌、套住车牌外沿的一种长方形的框架，起装饰和保护车牌的作用。材料多为不锈钢，其外表标有车型标志，也有标注祝福文字和其他图案的。

【任务实施】

一、雨眉的安装

（1）拆下门牙，如图 4-4-1 所示。

图 4-4-1　拆卸门牙示意图

（2）在雨眉的内侧安装位置涂胶，方法如图 4-4-2 所示。

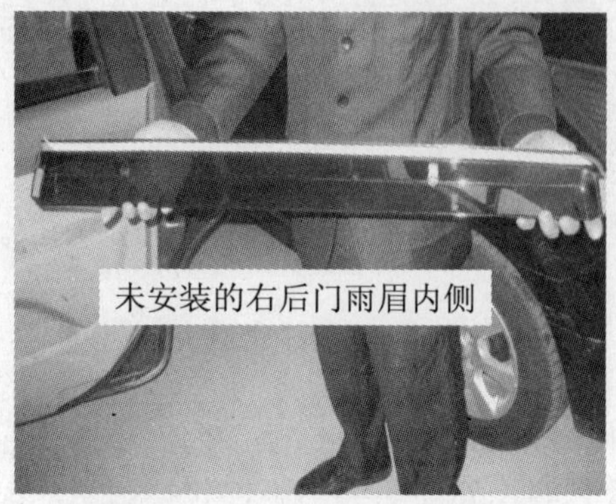

图 4-4-2　未安装雨眉内侧示意图

（3）将雨眉粘到车窗上沿，用力按紧，并用热风枪烘干，完工后如图 4-4-3 所示。

图 4-4-3　雨眉安装完工示意图

二、防撞条的安装

（1）将要粘贴部位清洗干净，再用无尘棉布蘸上工业酒精擦拭。清洁后如图 4-4-4 所示。

图 4-4-4　粘贴部位清洗示意图

（2）用热风枪将防撞条双面胶烤热，撕去防撞条双面胶上的衬贴。

（3）再次用热风枪烤热防撞条贴合面处的胶面。

（4）用热风枪对车身相应部分进行加热，以使安装更牢固。

（5）将防撞条压紧，如图 4-4-5 所示。

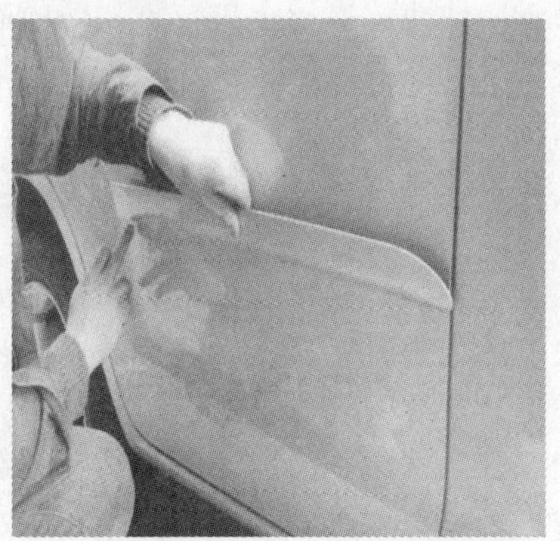
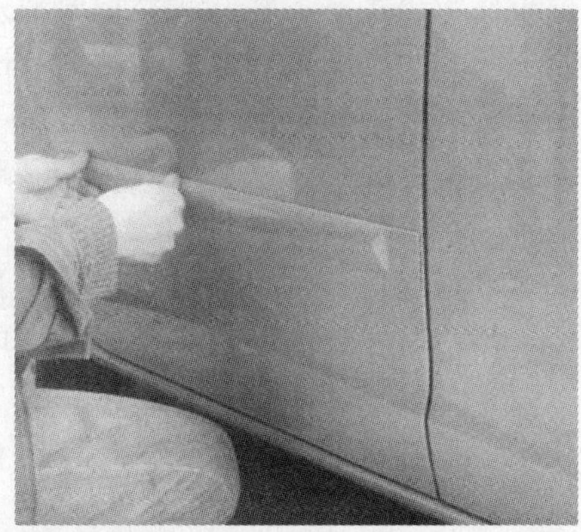

图 4-4-5　防撞条压紧示意图

装饰完工后，效果如图 4-4-6 所示。

三、车牌架的安装

（1）把车牌拆下，在车牌套内贴上泡沫双面胶，防止汽车行驶时由于颠簸使得车牌架与车牌之间发生撞击，发出响声。

（2）将带有车牌套的车牌装入车牌架内。

（3）用螺钉固定在保险杠的安装位置处，如图 4-4-7 所示。

图 4-4-6　装饰完效果示意图

图 4-4-7　车牌架安装效果示意图

（4）将螺钉的装饰帽拧在螺钉上，使其更雅观。

四、地毯的调整与安装

剪裁、调整和安装地毯的工作通常是从变速器的隆起部分开始，然后分别向驾驶员一侧和乘客一侧进行。

测量变速器隆起处的面积。纵向尺寸从驾驶室前隔板量到后边座椅的底部，横向尺寸从一侧量到另一侧，并在测量结果上加上125mm。测量驾驶座和乘客座侧的地板面积时，前后距离也是前到隔板，后到座椅底部。大多数车的座椅不能完全遮住到车门之间的地板，所以此处地板要一直铺到座椅的后面，也可以另用一小块地板铺到此处。

从地毯卷上剪下三块面料，一定要保证地毯的绒毛倒向一致。首先，将一块地毯放在变速杆的前方，留出足够盖住驾驶室前隔板的余量，使地毯位于中央位置。地毯盖过隆起处后，还分别在驾驶座和乘客座侧各留76mm的余量。然后，把紧靠变速杆前方处的地毯对折，用刀剪开一个开口，大小能使变速杆手柄刚好通过。

把地毯套过变速杆后，在原来开口的基础上切开放射型开口，使其能套过变速杆的护套。最后剪掉多余的地毯，并把毛边压到护套下方。

安装离合器外壳凸起部分的地毯要一直延续到仪表板。安装时把地毯在凸起处向右折出一个折痕，从乘客座处的底部到驾驶座侧的底部标记出一条折痕。然后，用刀片沿这条线切割。

把整块地毯放在缝纫机上，在切口边缘处缝制一条镶边，但前面的毛边不要缝制。对一切都满意后，便可粘牢地毯。并把其他的侧片地毯放好，在前面画一条线。沿45°角一直剪到凸起处接缝的开始端，把地毯折起，然后沿凸起边缘画线。在切口前把地毯片折起，在背面画出一条线直到地板的前边缘。然后，把地毯取出，沿画出的线修剪地毯边缘，并进行缝合。然后再粘贴上地毯。在粘贴前，一定要对座椅架和座椅安全带固定架处进行开口。如果没有开口就进行粘贴，很难精确地切割出孔的位置。

最后，铺驾驶座处的地毯。驾驶座侧地毯裁剪缝制和调整安装与乘客座侧地毯的裁剪缝制和调整安装几乎相同。只是在一些老式的汽车上，操纵踏板（如加速踏板、离合器踏板、制动踏板）与地板相连或从地板孔中穿过。这些地方应当对齐并调整好。拆下加速踏板后，在地毯上切出一个和操纵杆相同的小孔，让操作杆穿过地毯，把踏板安装在地板上。如果踏板穿过地板，必须在每个踏板前面各切出一条长缝。然后，用包边材料把这些切缝边包起来。在拐弯地方应裁剪出切口，缓解张力。

目前有根据车型生产的立体脚垫，只要买回来就可以安装使用了。

【知识链接】

一、汽车香品的功能

（1）净化车内空气、清除车内异味、杀灭车内细菌，从而使车内空气清新。

（2）营造温馨舒适的乘车环境。车用香品可散发出怡人的芳香，使车内充满浪漫的情趣。

（3）提高驾驶安全，车用香品可使驾驶员保持清醒、心情愉快，从而减少事故的发生率，提高驾驶的安全性。

二、车用香品的种类

现今市场上的车用香品种类繁多，按形态可分为气雾型、液体型和固体型三种。

（1）气雾型车用香品主要由香精或溶剂组成，可分为干雾型和湿雾型等多种。这种香水里的除臭剂可以覆盖车类某些异味，如后备厢味、烟草味、鱼腥味和小动物体味等。但挥发速度极快。

（2）液体型车用香品也称车用香水。它由香精与挥发性溶剂混合而成，比固体香膏香味要浓，持续时间久、散发慢，常盛放在各种具有艺术造型的容器中，可用两三个月，在车内用的比较广泛，具有气味浓香、价格便宜等优点，但使用周期短，需不断地给以补充。

（3）固体型的车用香品主要是将香精与一些材料混合，然后加压成型，可用两个月左右。它具有香味清淡、使用周期长、无需补充等特点，也是常用的香品。

三、车用香品的选择

一般来说，车用香品黄色为柠檬香，草绿色为青苹果香，粉色为草莓香，嫩绿色为松木香，紫色为葡萄香，乳白色为茉莉香，淡蓝色或淡绿色为薄荷香，橘红为樱桃香。

不同车主要选择适合自己的香品。男士常常喜欢外形古朴的香品，如淡雅的古龙香、玻璃香等。而女士常常选用清甜的水果香、淡雅的花香等。

汽车香水的选择应遵循的原则：味道不要太浓烈，夏天香水散发快，热天可以选择清淡的气味，以免更具刺激性。冬季时，可选择提神醒目的香型。如果车内经常开空调，需要选择具有较强挥发性的车用香品，以便及时有效地去除空调机带来的异味。

目前，市场上车用香品进口的贵些，价位有三四百元的，也有几十元的。国货与国际车用香品还有相当的距离，两者在价格上有很大差异，买一个不错的进口香水座一般也要一百元左右，而买一个国产的简易产品只要十几元。不过，好产品不仅制作精美、香味持久，还能杀灭细菌、清除异味，而劣质品很快就会闻不到香味，而且在气味上也无法与好产品相比。

一些化学合成的高档香料比天然合成的香料价格更贵，但其成分对人体器官特别是呼吸系统均有不同程度的刺激。如果买到的是劣质香水，那么对身体的危害就更大，有可能造成车内的二次污染。消费者应该尽量使用纯度较高的安全的天然香料合成的制品。通常劣质的化合产品，香水挥发得快，香气较刺鼻，在太阳光的照射下经过一段时间，颜色会逐渐成为白色，可据此做简易的判断。

【评价标准】

（1）安装可靠。

（2）位置周正，不影响车辆美观。

【思考与练习题】

通过对汽车小饰品的安装训练，谈谈你的心得体会。

汽车小饰品的安装中本身没有什么技术难度，关键是在安装的细节上，追求精益求精，在安装过程中如何才能做到？

任务五　装饰性保险杠的安装

【任务描述】

汽车保险杠是吸收缓和外界冲击力，防护车身前后部的安全装置。

【任务分析】

保险杠对于汽车的安全性影响越来越被人们所看重，以前加装汽车保险杠是越野“发烧友”的改装项目，现在，越来越多的旅行汽车、平头面包车、货车也都选配了保险杠。保险杠一方面能够在事故中缓冲撞击力，保护车身，另一方面还使得车型具备鲜明的个性。

【相关知识】

20 年前，轿车前后保险杠是以金属材料为主，用厚度为 3mm 以上的钢板冲压成U形槽钢，表面处理镀铬，与车架纵梁铆接或焊接在一起，与车身有一段较大的间隙，好像是一件附加上去的部件。随着汽车工业的发展，汽车保险杠作为一种重要的安全装置也走向了革新的道路。今天的轿车前后保险杠除了保持原有的保护功能外，还要追求与车体造型的和谐与统一，追求本身的轻量化。为了达到这种目的，目前轿车的前后保险杠采用了塑料，人们称为塑料保险杠。塑料保险杠是由外板、缓冲材料和横梁三部分组成。其中外板和缓冲材料用塑料制成，横梁用厚度为 1mm～5mm 的冷轧薄板冲压而成U形槽；外板和缓冲材料附着在横梁上，横梁与架纵梁螺钉连接，可以随时拆卸下来。这种塑料保险杠使用的塑料，大体上使用聚酯系和聚丙烯系两种材料，采用注射成形法制成。例如标致 405 轿车的保险杠，采用了聚酯系材料并用反应注射模成形法做成。而大众的奥迪 100、高尔夫、上海的桑塔纳、天津的夏利等型号轿车的保险杠，采用了聚丙烯系材料用注射成形法制成。国外还有一种称为聚碳酯系的塑料，掺入合金成分，采用合金注射成形的方法，加工出来的保险杠不但具有高强度的刚性，还具有可以焊接的优点，而且涂装性能好，在轿车上的用量越来越多。塑料保险杠具有强度、刚性和装饰性，从安全上看，汽车发生碰撞事故时能起到缓冲作用，保护前后车体；从外观上看，可以很自然的与车体结合在一块，浑然成一体，具有很好的装饰性，成为装饰轿车外形的重要部件。另外，为了减少轿车在发生侧撞事故时对乘员的伤害，轿车上通常安装有车门保险杠，以增强车门的防撞冲击力。这种方法实用、简单，对车身结构的改动不大，已经普遍推广使用。早在 1993 年深圳国际汽车展览会上，参展的本田雅阁将一扇车门剖开一部分，专门露出车门保险杠给观众看，以示其良好的安全性能。安装车门保险杠就是在每扇车门的门板内横置或斜置数条高强度的钢梁，起到车前车后保险杠的作用，做到整部轿车前后左右都有保险杠“护驾”，形成一个“铜墙铁壁”，使得轿车乘员有一个最大限度的安全区域。当然，安装这种车门保险杠对于汽车制造商来讲，无疑会增加一些成本，但对于轿车的乘员来讲，安全性和安全感都会增加了许多。

【任务实施】

装饰性保险杠的选择与安装

目前在售后市场上，汽车用品生产厂家针对不同款式的车型量身定做了多种装饰性保险杠，体现了一种个性，车主可以根据自己的喜好进行选择。值得注意的是这类专用车型保险杠不可以在不同车型之间套用，如陆风车的保险杠就不宜用在帕拉丁车上。

保险杠在安装过程中要注意保持它与翼子板和前格栅的距离相等，两边对称。如果需要，可以在保险杠和装配托架之间加设填隙片以调整保险杠对准，然后拧紧螺钉，用力摇动时观察是否牢固，此时振动是越小越好。如图 4-5-1 所示为加装保险杠前后对比图。

图 4-5-1　加装保险杠前后对比示意图

【知识链接】

在汽车零部件中，最容易受伤的便是保险杠。如果保险杠被撞得变了形就只能更换，但是在一般情况下，如果保险杠只是被轻轻地擦伤，虽然并无大碍，但满是伤痕很是难看，必须想办法将它修补好。此外，为了避免保险杠多次被撞伤，平时应注意掌握一些保护方法，只有这样，才能让保险杠永远保持光鲜的容颜。

选用专用化学合成剂修补保险杠是一个好方法，且操作起来非常简单，任何人都可以进行修补。虽然很难恢复到新车时的模样，但可以做到如果不仔细看，很难分辨出来是修补的。具体操作步骤如下：

（1）将保险杠上面的毛刺削去，最好用小刀削，将整体整理平滑，这样便于修补。坑洼部分涂上油灰使之平滑。

（2）保险杠伤痕周围通常粘有很多污垢，为使油灰粘得较牢，应先将其清洗干净。

（3）如果保险杠上粘有油污，油灰就很不容易粘得较牢，所以最好用涂料稀释液使修补部分脱漆。

（4）准备各种颜色的油灰，最好选择较接近的颜色。

（5）根据产品使用说明按比例混合来修补保险杠的油灰。

（6）混合好后，用刮刀涂好油灰，窍门是嵌入伤痕部分。

（7）经过 2h～3h，油灰坚固后，用 1000 号左右的水砂纸打磨，一周后再喷漆。

【评价标准】

（1）安装牢靠。

（2）保险杠翼子板和前格栅的间隙均匀。

【思考与练习题】

通过对装饰性保险杠的选择与安装训练，谈谈你的心得体会。

总结安装装饰性保险杠安装方法。在装饰性保险杆联结中如何做到牢靠？

任务六　车身大包围的安装

【任务描述】

车身大包围是车身下部宽大的裙边装饰，汽车加大包围可使车身加长，重心偏低，给人以气派、奔放、热情之感，另外大包围还可以改善车身周围气流的运动特性，提高汽车行驶的稳定性。

【任务分析】

车身大包围的学名是车身“空气扰流组件”，源于赛车运动，用于改善车身周围的气流对运动中车身稳定性的影响。而目前国内市场上的“大包围”大多不具备这种功能，而更多是为美观而设计的，不过汽车在安装大包围后使车身加长、重心降低，提高了汽车行使的稳定性。一般的大包围是由生产厂家根据不同的车型设计而成的，通常会有几种型号，每一种型号包含几个车身不同部位的组件，选用大包围时根据车型及汽车的具体情况（如颜色），按照与车身协调并且不影响汽车安全性的原则，通用性不高。随着人们对汽车消费理念的提高，现在有一些大型的汽车装饰店已经具有为顾客专门制作大包围的能力，迎合了消费者要求汽车外貌独一无二的需求。

【相关知识】

目前市面上的大包围按照制作材料可以分为两类。

1．玻璃钢

利用玻璃钢制作大包围套件，制作方便，对模具和生产设备要求不高，成本低廉，所以一般的大包围材料首选玻璃钢。但是由于材料物理性能的缺陷，玻璃钢大包围比较脆，抗冲击能力极低，而且由于其塑性低，其安装、打孔过程比较麻烦。

2．合成橡胶

合成橡胶（PU）是目前高档汽车所采用的汽车外饰材料，由于其抗冲击、不易变形、不易断裂、耐气候性好（-40℃～+80℃）且环保无公害等诸多优点，PU 汽车大包围已成为国际汽车装饰业界公认为最适合做汽车装饰板的原材料。同时 PU 大包围由钢模做成产品，规格标准；安装非常容易，两名工人约十分钟可以安装一辆车（为汽车厂家节约大量的安装费用及时间）；PU 大包围采用 PU 液体原料灌注而成，外形平整、光滑，表面喷涂亮漆后，外观非常靓丽。

大包围的价格按照档次不同也有较大的差异，一般在 400 元～2000 元，可以按照车主的眼光进行选择。

【任务实施】

一、大包围的制作工艺

首先用玻璃钢做成大包围的形状，成为主模，然后在主模的内部喷涂胶衣，它是大包围的表面，其性状决定着大包围的表面性状。等胶衣干后，把预先裁好的纤维往主模上铺，一般要铺 3 层～5 层，等待 1h～4h 玻璃钢干透后即可脱模。最后将毛坯进行打磨处理，喷涂专用的玻璃钢（FRP）底漆后，再经过喷面漆和烤漆，大包围的制作就完成了。

二、大包围的安装

大包围的安装过程相对来说比较简单，前包围、后包围、侧包围的安装步骤基本相同，现按其中的一种介绍如下。

（1）准备好安装所需的工具和材料。一般常用的工具有手电钻、锤子、螺丝刀、活动扳手和钳子等，准备好大包围及其附属零件并按照安装说明做好各种处理工作。

（2）将大包围的安装部位进行擦拭和清洗，去除油污和污垢，使之清洁、干燥。

（3）在车身上安装大包围的相应部位上贴上保护用的皱纹纸，防止在安装过程中碰坏车身油漆，如图 4-6-1 所示。

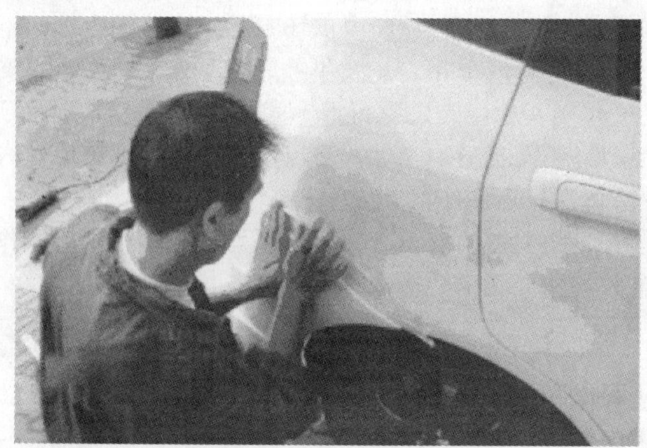

图 4-6-1　贴皱纹纸示意图

（4）将大包围在车身上相应位置试放一下，观察两者的贴合程度，如图 4-6-2 所示。注意安装侧包围时应该把车门打开，安装后包围时注意排气管。

图 4-6-2　观察大包围与车身的贴合程度示意图

（5）取下大包围，按照试放的效果对大包围进行修整，将大包围修边角和去毛刺，按照安装要求在车身下端钻好安装孔，并去掉孔边周围的毛刺，如图 4-6-3 所示。

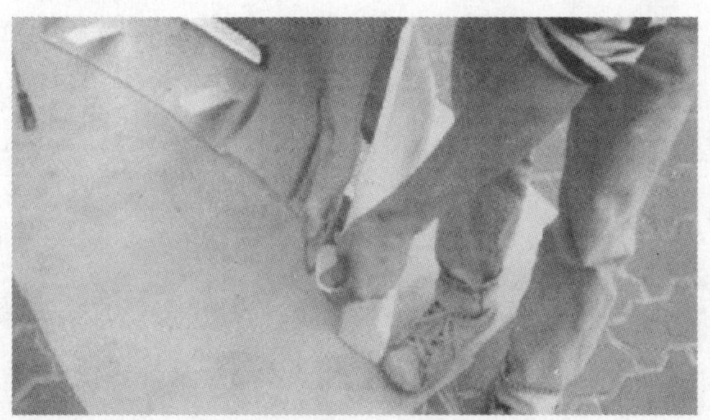

图 4-6-3　修整大包围示意图

（6）安装大包围，施力时应注意技巧，要使车身与大包围紧密地贴合，避免用力过猛而造成它们的损伤。必要时可以在大包围内侧与车身贴合的位置涂上专用胶水。

（7）拧上固定螺钉，并在螺帽上涂上油漆，使之与车身颜色协调。

至此，大包围的安装过程基本完成。安装后的效果如图 4-6-4 所示。

图 4-6-4　完工后效果示意图

【知识链接】

加装大包围应注意事项

（1）汽车是否加装大包围，要根据使用情况决定，只有完全在平坦良好的道路上行驶，才能加装大包围。

（2）应该选用高质量的产品，因为高质量的玻璃钢大包围，无论是坚固程度还是表面粗糙度都远远强于一般产品。

（3）最好不要选用需要拆掉原车保险杠才能安装的大包围，因为玻璃钢的抗撞击能力非常差，所以选用将原保险杠包裹其中的大包围不会影响车辆的牢固性。但如果一定要选用拆保险杠的大包围，可将原保险杠中的缓冲区移植到玻璃钢包围中，已起到保护作用。

（4）应该到有经验的改装店加装大包围，因为这些改装店有制作玻璃钢的能力，大都会免费为车主修复不慎碰坏的包围，令车主不必因为包围的一点小损伤就得花钱去换一个新的。

【评价标准】

（1）安装牢靠。

（2）大包围安装间隙均匀。

【思考与练习题】

通过对大包围安装训练，谈谈你的心得体会。

总结安装大包围安装方法。在大包围安装联结中如何做到牢靠，保证间隙使其整体美观？

任务七　儿童座椅的安装

【任务描述】

儿童安全座椅的使用，是关系到儿童乘车安全相当重要的因素。同时行车中需要注意的安全事项，针对儿童的部分是比较容易忽视的部分。希望本书能对车主有些提醒，在携带儿童出行的时候，让他们乘坐在专用的儿童座椅上！

【任务分析】

我们都知道一般汽车座椅和安全带是专门为成人设计的，设计时并没有考虑儿童的情况。因此当身材和成人相差很大的儿童在使用普通安全带时，会发生一些独有的情况，如图 4-7-1 中所示。

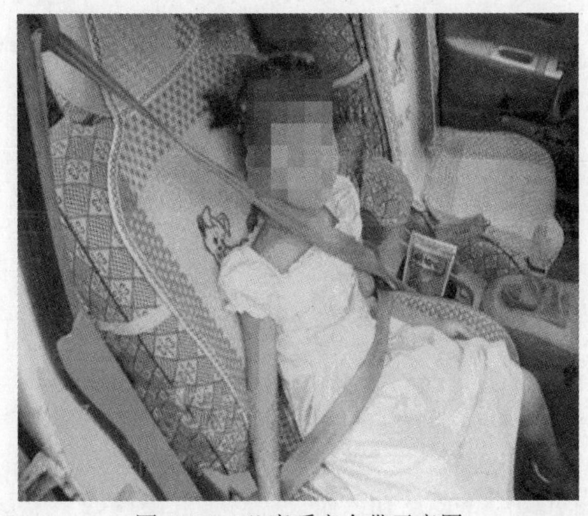

图 4-7-1　儿童系安全带示意图

安全带所固定的位置会发生一些偏移，安全带勒在小朋友柔弱的脖子和腰腹附近，乘坐时既不舒服，也不安全。由于小朋友个头较小，甚至有可能从安全带的缝隙中滑落出去。鉴于以上的理由，儿童使用普通安全带，是丝毫起不到保护作用的。在车祸发生时，就算佩带了安全带的儿童，也会因为此种原因造成致命的腰部挤伤和脖子、脸颊等处的压伤。

【相关知识】

欧洲驾驶安全组织建议，儿童安全座椅必须安装在后排座椅上。统计数据表明，交通事故中最经常也是最严重的正是车辆前方的碰撞。因此，汽车后排中间的座位是相对而言比较安全的位置，正是在这个位置上安装儿童安全座椅。

此外，前排座椅上往往有副驾驶座安全气囊，在碰撞发生时迅速打开，防止前排乘客碰撞到仪表盘上。在那么快速的时间内要打开气囊，必须使用化学的手段，而释放出来的这股冲击力非常大，成年人是可以承受汽车安全气囊张开时的冲击力的，并且设计好的受力部位在胸部，一般来讲除了擦伤不会有太大的影响。但是对于儿童而言，就又是另一种情形了：儿童的肌肉和骨骼都比成年人脆弱得多，安全气囊张开时冲击的力量，很有可能造成他们胸部骨折、内出血等致命伤害。最最要命的是，身材较小的儿童若坐在前座，安全气囊并不是打开在他们的胸口，而是脆弱的颈部和面部！很容易造成窒息、颈椎骨折等严重问题。

【任务实施】

如果操作熟练的话，一整套动作只需要两三分钟便能完成。其中需要注意的步骤如下：

（1）将座椅搬到待安装的后座上。因为儿童安全座椅是靠后座的安全带来固定的，所以安装的前提条件是，这辆车的后排一定要有安全带！如图 4-7-2 所示。

放在座椅的左边还是右边可以任意选择，儿童安全座椅可以提供左右两个方向的安装扣。

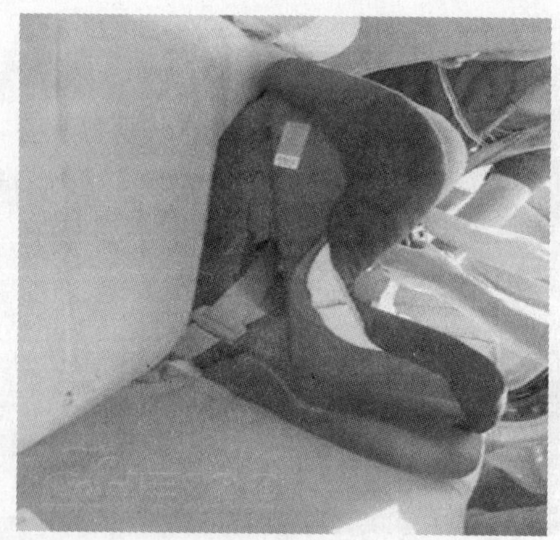

图 4-7-2　将儿童座椅搬到待安装的后座上的示意图

（2）用力挤压，将儿童安全座椅和后座尽量压紧。这是为了让安全座椅和后座成为一个整体。因此，在大致调节儿童安全座椅的靠背倾斜度后，要大力地将两者压紧。此时需要成人双膝跪在儿童座椅上，借助身体的重量来挤压，如图 4-7-3 所示。

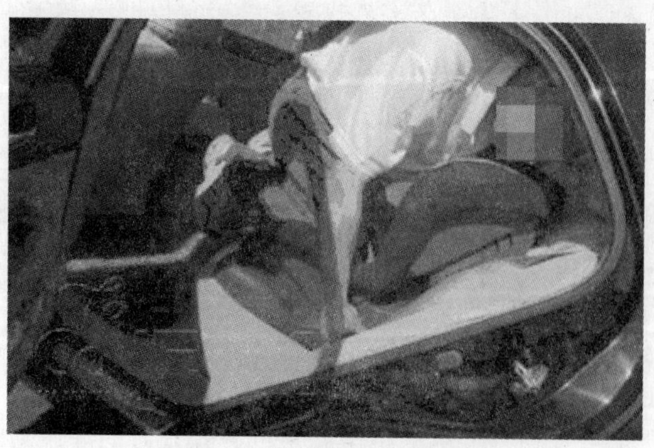

图 4-7-3　用力挤压的示意图

（3）用车辆安全带固定儿童座椅。儿童座椅可以任意安装在后座的左右位置。此时选择相应的车辆安全带，将车辆安全带从儿童座椅的后部固定装置里穿出。此处要注意，安全带不要留余量，要尽量紧固地将儿童座椅固定在座椅上。同时要注意，安全带不要扭曲、弯折，如图 4-7-4 所示。

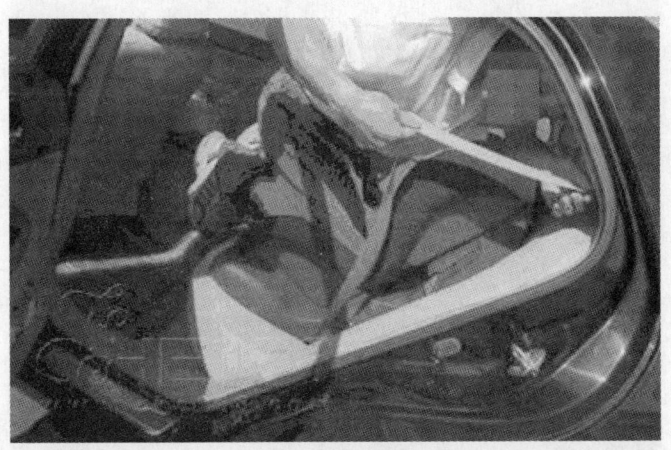

图 4-7-4　使用车辆安全带固定儿童座椅示意图

这是儿童座椅上固定座椅安全带的插口，如图 4-7-5 所示。它是靠着内部铰牙将车辆安全带锁死的。安全带固定儿童座椅时尽量不要留余量，所以此处要靠手一点一点拉扯，凭着感觉将安全带调节到最紧的状态后再锁死。

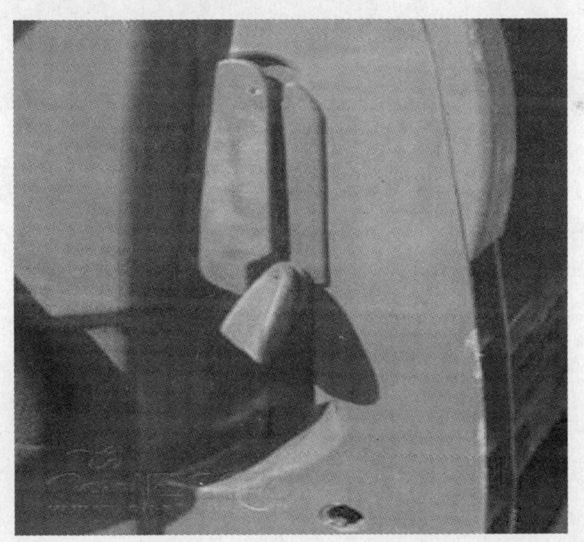

图 4-7-5　安全带插口示意图

（4）将穿过儿童座椅的车辆安全带固定在相应的插口处，就算是将儿童安全座椅成功固定在车辆座椅上了，如图 4-7-6 所示。

（5）调节安全带的松紧。这个步骤仍然是为了检验两者间的紧固程度。毕竟，儿童座椅只有紧固地安装在车辆上，才能起到有效的保护作用，如图 4-7-7 所示。

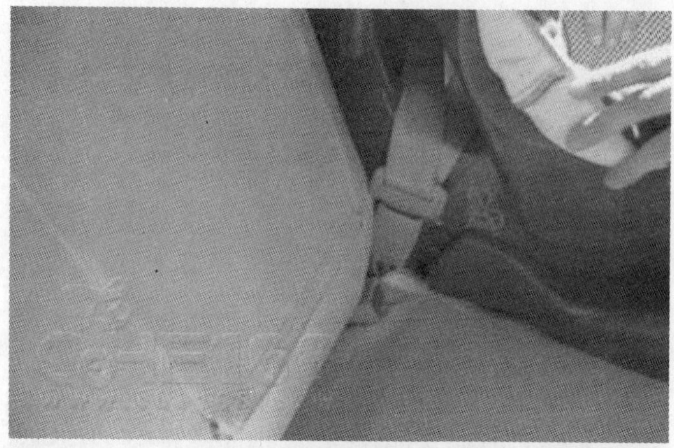

图 4-7-6　把儿童座椅固定在车辆座椅上示意图

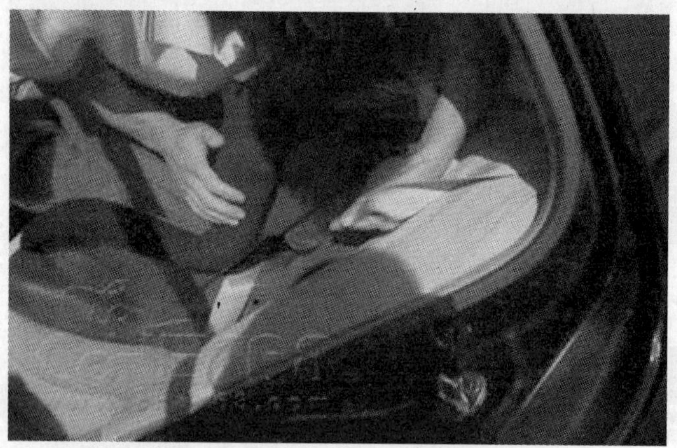

图 4-7-7　再次检查安装紧固程度示意图

（6）最后再根据儿童的实际乘坐情况，调节座椅的靠背角度（微调）和安全带的松紧程度，如图 4-7-8 和图 4-7-9 所示。至此为止，儿童安全座椅就成功地安装在了车上，如图 4-7-10 所示。

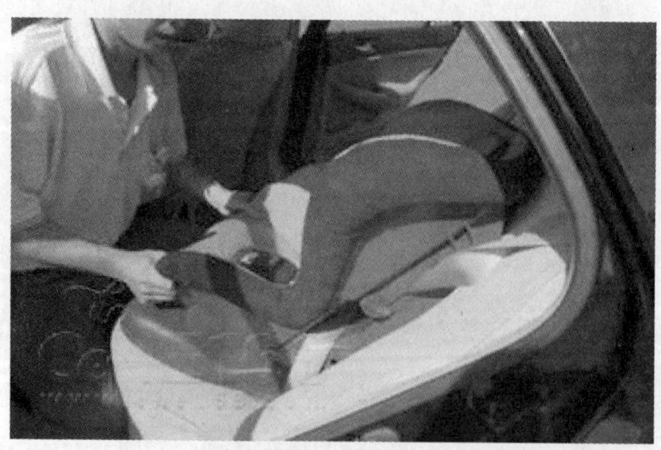

图 4-7-8　根据儿童身高调节座椅的靠背示意图

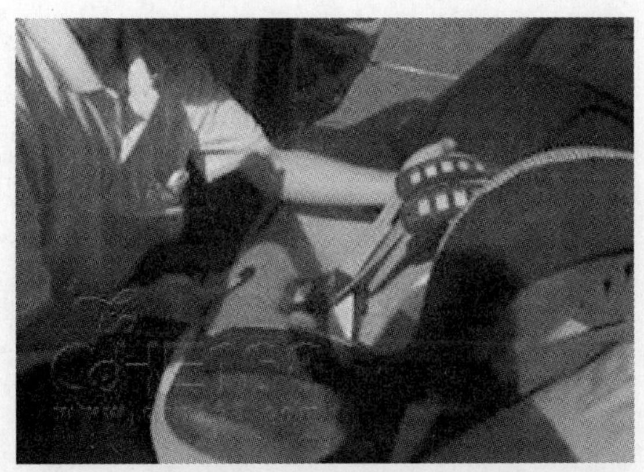

图 4-7-9　根据儿童身高调节安全带松紧程度示意图

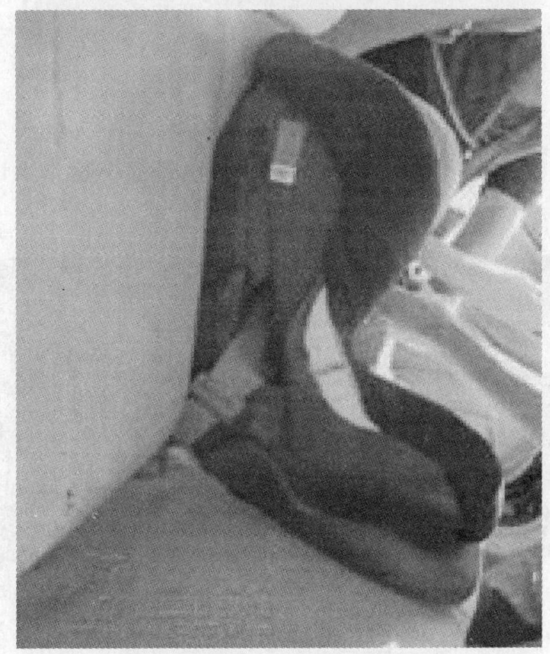

图 4-7-10　安装成功的示意图

【知识链接】

儿童汽车安全座椅针对不同年龄阶段的孩子分为婴儿型、婴幼儿型、儿童增高座椅型和全能型四大类。一般是由汽车安全带将儿童座椅固定在汽车后排座椅的中间，有的型号更有额外的加固系带将其和汽车后排座椅更紧密地固定在一起。

如图 4-7-11 所示的座椅是儿童增高型，3 周岁～12 周岁的孩子都可以使用。为了适合孩子的身高，安全座椅上设计了如下几个地方可以调节：

第一处可以调节的地方是，座椅上的安全带的长度。儿童安全座椅上的安全带采用四点式结构，儿童的双手、双脚分别从安全带间穿过，主要目的是固定儿童的胸腹和下肢。

首先可以通过座椅背后的这个装置来调节安全带的长度，如图 4-7-11 所示。此时建议让儿童事先试坐，将安全带长度调节到比较合适的位置。

图 4-7-11　安全带长度调节装置示意图

第二处可以调节的是安全带的松紧程度，如图 4-7-12 所示。此步骤要在座椅安装完毕之后，通过安全带扣来调节。此处是为了让安全带更舒适、更紧密地贴身。同样需要儿童的试坐。

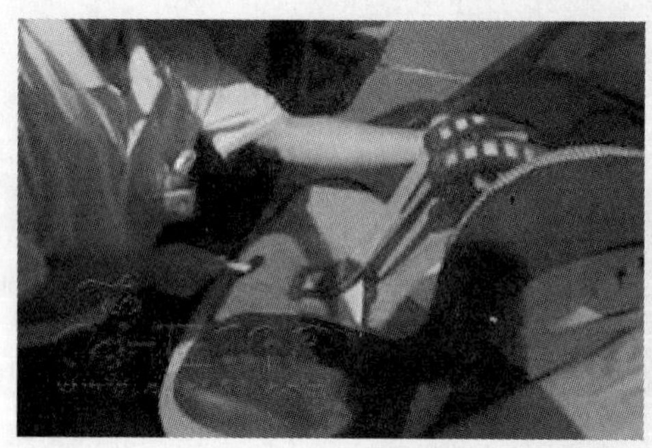

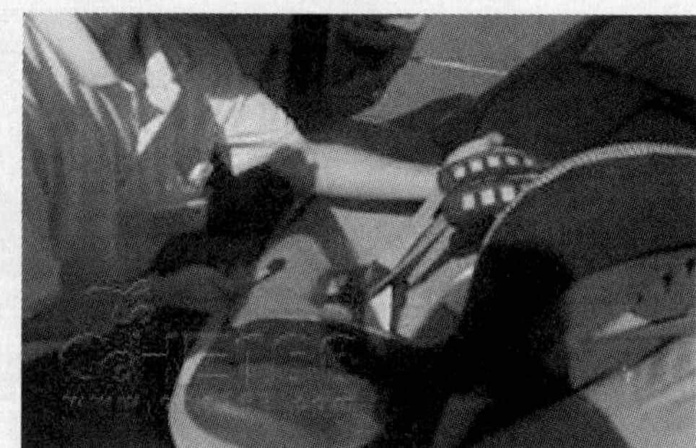

图 4-7-12　儿童座椅安全带调节示意图

此处应该提醒各位注意的是，儿童座椅安全带的锁扣采用操作便捷的插口式锁扣，并没有锁止机构，如图 4-7-13 所示。

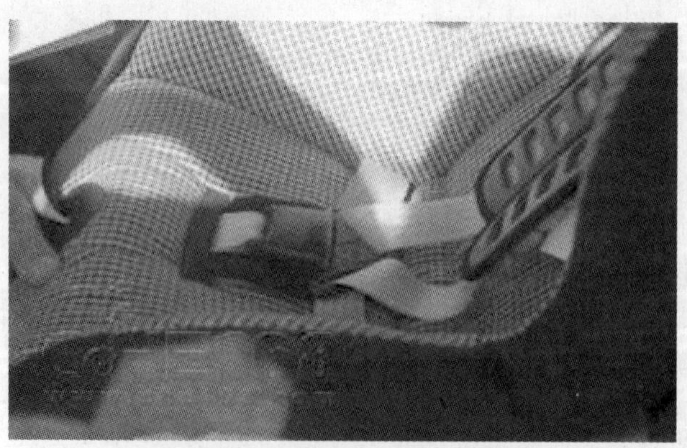

图 4-7-13　安全带的锁扣示意图

儿童安全座椅上第三处可以调节的是座椅靠背的倾斜度，如图 4-7-14 所示。此处和将要安装座椅的车的后排座椅形状有关，也和儿童的身高有关。通过用力推拉座椅座垫可以改变靠背的倾斜度。

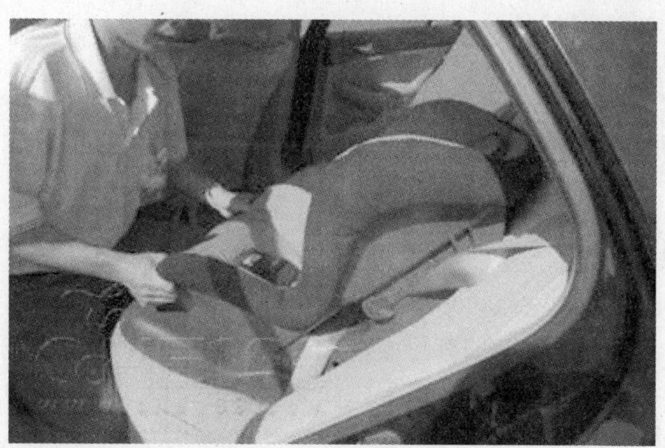

图 4-7-14　座椅倾斜度调节示意图

【评价标准】

（1）安装可靠。

（2）儿童座椅便于拆卸。

【思考与练习题】

通过对儿童座椅的安装训练，谈谈你的心得体会。

总结儿童座椅的安装的方法。

任务八　扰流板和导流板的安装

【任务描述】

“汽车导流板”是指轿车前部保险杠下方的抛物线型风罩，而“汽车扰流板”是指安装在轿车后厢盖上形似鸭尾的突起物，国外一些人根据它的形状形象地称它为“雪橇板”，国内也有人称它为“鸭尾”、“汽车扰流器”或“汽车扰流翼”等。

【相关知识】

漫步都市街头会发现越来越多新的轿车，在其尾部后备厢盖外端都装有一块像是倒装的飞机机翼的突起物，使原本就拥有华丽迷人外观的轿车又平添许多妩媚和生气。

根据气体动力学原理进行分析，汽车在行驶过程中会遇到空气阻力，这种阻力可分为纵向、侧向和垂向等三个方向的力，并且空气阻力与车速平方成正比，所以车速越快，其空气阻力就越大。一般情况下，当车速超过 60 km/h 时，空气阻力对汽车的影响表现得就非常明显了。为了减少轿车在高速行驶时所产生的升力，汽车设计师除了在轿车外形方面做了改进，将车身整体向前下方倾斜而在前轮上产生向下的压力，将车尾改为短平，减少从车顶向后部作用的负气压而防止后轮漂浮外，还在轿车前端的保险杠下方装上向下倾斜的导流板，它与车身前裙板连成一体，中间开有合适的进风口加大气流度，减小车底气压，在轿车后备厢盖上后端做成如同鸭尾一体的扰流板，将从车顶冲下来的气流阻滞一下形成向下的作用力，增加汽车后轮的附着负荷，抵消一部分升力，控制汽车上浮，使汽车能紧贴着道路行驶，从而提高行驶的稳定性。

我国高速公路、高架路和高等级公路的建设投入使用，车速普遍都比较快，汽车尾翼的作用显得越来越重要。以排气量为 1.8L 的轿车为例，如果装上尾翼，空气阻力系数降低 20%，在一般道路上行驶，耗油量减少或许不明显。如果在高速公路上以 120km/h 的时速行驶，则能省油 14%，此时汽车尾翼的作用就很明显了。与此同时，有些旅行轿车的顶盖后缘安装扰流板，使顶盖上一部分气流被引导流过后窗表面。这样既可使后窗后部的升力降低，也可引导气流将后窗表面浮尘消除，避免尘污附着而影响汽车后视野。

目前大多数汽车尾翼都是用玻璃纤维或碳素纤维制成的，既轻巧又坚韧，并且它的形状尺寸是经过设计师精确计算确定的，不宜过大也不宜过小，不然反而会增加汽车的行车阻力或起不到应有的作用，选择安装时必须注意。

【任务实施】

一、扰流板的安装

精心雕琢的后扰流板，提高了空气的低风阻性能，使操纵控制性能更优良。如果出厂车子没有安装而想加装扰流板时，应注意以下几点：

（1）扰流板的选择，包括颜色、型号是否与车辆匹配。

（2）扰流板的高度。

（3）扰流板的材质有合成纤维或塑胶等，如使用塑胶时应考虑其热变形，以及日久后形状会有所改变。

（4）扰流板的尺寸、长度要适中，不可伸出后备厢，否则效果会不好。

（5）扰流板有粘贴式或螺钉固定式，前者可避免破坏后备厢盖，不会漏水。而后者固定牢固，但因有钻孔会破坏后备厢盖的面貌，且安装不好时会发生漏水现象。

（6）在后备厢盖上找到适合位置，再与扰流板上的螺钉孔配合，做好记号，在后备厢盖上钻贯穿孔。

（7）先在钻孔位置与扰流板接合处注上硅胶以防漏水。

（8）将固定螺钉由后备厢内侧往外再固定锁紧。

（9）为避免漏水，应在固定后在固定架周围注入透明硅胶。

二、导流板的安装

（1）拆下前保险杠下的车身板件。

（2）在前保险杠下面装上导流板，并与两个轮罩对中，同时应该保证导流板前面的上缘在前保险杠的里边，调整位置，使之协调。

（3）在车身和导流板上确定安装孔的位置。

（4）钻孔，拧紧紧固件。

【评价标准】

（1）安装可靠。

（2）安装间隙一致，整体美观。

【思考与练习题】

通过对扰流板和导流板的安装训练，谈谈你的心得体会。

总结扰流板和导流板的安装方法。在扰流板和导流板的安装联结中如何做到牢靠，保证间隙使其整体美观和一致性？

任务九　底盘装甲

【任务描述】

底盘装甲也称“底盘封塑”，是一项底盘护理工艺。它将一种高附着性、高弹性、高防腐、高防潮的柔性橡胶树脂厚厚地喷涂在底盘上，使之与外界隔绝，以达到防腐、防锈、防撞的目的，同时还可以隔除一部分来自底盘的杂声。底盘封塑不同于底盘防锈处理。普通的防锈是在汽车底盘涂上一层油脂来隔除水分，当汽车行驶一定里程之后，油脂会不断蒸发、粘附灰尘，防锈效果会慢慢消失，粘附的灰尘、油污还会造成新的腐蚀。“底盘封塑”能牢固地附着在底盘上，还可以彻底隔绝酸雨和除雪剂的侵蚀。

【任务分析】

通过对底盘封塑，保护底盘部件，操作时要注意劳动保护，严格执行操作规范。

【任务实施】

1．彻底清洁底盘

在做底盘装甲之前，首先要仔细地将底盘彻底清洁一遍，如图 4-9-1 所示。可以先用高压水枪将泥土等污垢清除，再使用专用去污剂将沥青、油污等彻底去除干净。用压缩空气吹干底盘部分的积水，尤其是缝隙中要干燥彻底。这些处理中任何一项疏忽都会影响“封塑”的牢固度。

图 4-9-1　清洁底盘示意图

2．处理损坏和锈蚀

如果汽车老旧，车底已经出现了腐蚀现象，或者底盘有被刮碰的痕迹，使以前的保护胶或者油漆被损坏了，露出钢铁部分。那么一定先将这些部分处理好，否则即使做装甲将损害的部位遮盖住，锈蚀仍然会在内部发生。处理这些损坏的方法是先用钢丝刷或铲刀将锈蚀和破损的漆膜处理掉，露出新鲜的钢铁底材，再用 100 号～150 号砂纸打磨一遍，并做好除油处理。

3．做好贴护

由于底盘上有许多部位是不能被保护胶覆盖的，例如制动油管、燃油管和露出的螺栓等部位，这些地方要首先用纸胶带做好保护，如图 4-9-2 所示。

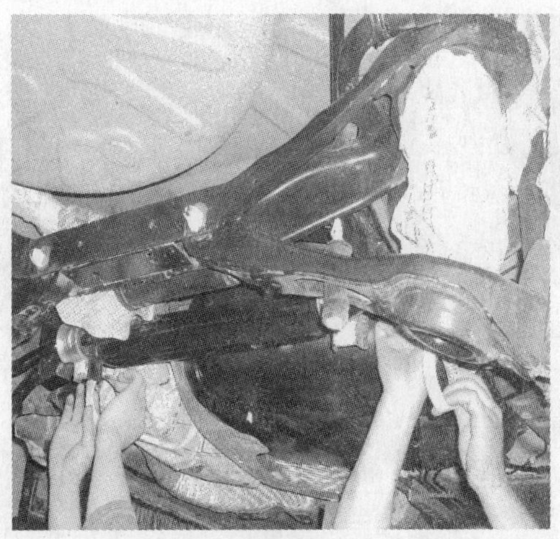

图 4-9-2　纸胶带贴护示意图

底盘保护胶也不可使用在汽车可转动部分和需要散热的部位，如变速器、传动轴、油箱、转向轴和排气管等部位，这些地方要用报纸密封起来，如图 4-9-3 所示。

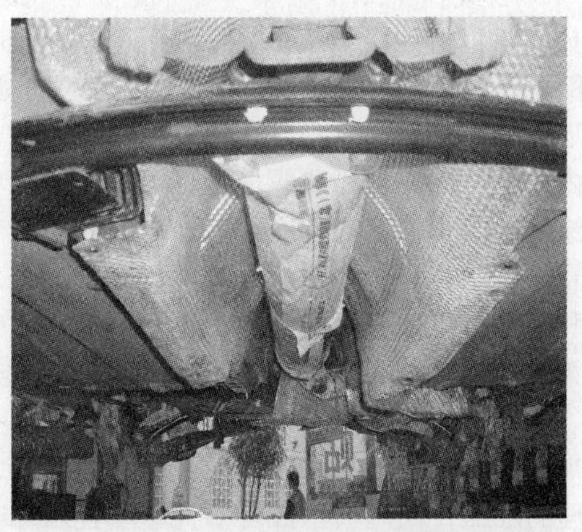

图 4-9-3　报纸贴护示意图

4．一次喷涂

首次喷涂时不要喷得过多，能有 50%的覆盖力即可，这样可以保证底盘装甲的附着力。首次，喷涂完成后需要静置 5min 左右，让湿的涂膜能适应干燥后再进行下一次喷涂。

5．二次喷涂

二次喷涂要将底盘原来的颜色全部覆盖住，不能露出底盘原来破损的部位，喷完底盘装甲的表面要能够达到完全保护的目的。如果这一次喷涂后，遮盖性不是太好，可以等 5min～10min 再喷涂一遍，如果产品使用说明中有明确要求，可能会分多次喷涂。具体情况要按产品操作说明来做。

6．竣工检查

底盘装甲喷涂完等半个小时左右撤掉保护贴纸，检查是否还有遗漏的地方，以及是否喷涂了不应该喷涂的部位。最后做一下修整，底盘装甲操作就完成了，如图 4-9-4 所示。

图 4-9-4　完工效果示意图

【知识链接】

在进行底盘装甲时应注意以下事项：

（1）喷涂时操作人员应佩戴防护面罩或护目镜和手套，防止喷涂防护材料进入眼睛。

（2）喷涂防护材料和稀释剂有一定刺激性，含易燃物质，喷涂必须选择开放、通风处。喷涂完成 24h 内车辆勿近火源，现场严禁吸烟。

（3）在喷涂翼子板内侧部位时，应先将翼子板内衬塑料防护板拆下。

（4）不得将涂料喷涂到发动机油底壳、变速器、排气管、消声器等部位，也不要喷涂到转向、制动、传动、悬架等部位，以免干燥后影响其正常运转。

（5）为了提高隔音和防撞效果，必须进行二次喷涂处理，中间要间隔 20min，待第一次喷塑干燥之后再实行第二次喷塑。旧车由于底盘清洁的工作量较大，需要的时间也较长大约需要 3h。

（6）施工后，一般需 24h 才能自然干燥，在这期间应避免涉水行驶。

（7）当做完防锈处理的底盘在高压喷水冲洗后几乎不挂水珠时，才可起到很好的防锈保护作用。

【评价标准】

（1）100%遮盖住施工部位，其余部位要做好遮盖，防止飞溅后影响其他部分的美观。

（2）涂层厚度均匀一致。

【思考与练习题】

通过对底盘装甲的施工训练，谈谈你的心得体会。

总结底盘装甲的施工流程和注意事项。

项目五

汽车太阳膜贴装

【项目描述】

作为后市场的汽车用品行业由发展到繁荣仅经历了十多年时间，市场中从事汽车用品装潢的行业店家几乎80%以上都有经营防爆太阳膜的项目，随着业务增多及竞争加剧，销售产品所需的专业知识，尤其是对专业技术施工的需求与要求也越来越高。通过对太阳膜特性的认识，采取恰当的贴装工艺，完成太阳膜在汽车前后挡风玻璃、汽车侧窗玻璃和汽车三角玻璃的贴装，施工后的太阳膜能服帖地贴在玻璃内侧，没有气泡、水迹和沙粒。

【知识目标】

太阳膜的分类及物理特性

【技能目标】

根据太阳膜的物理特性，针对汽车玻璃的形状，完成清洗、除胶、打样、裁膜、定型、贴装和护养工艺流程。

任务一　认知太阳膜及物理特性

【任务描述】

认知太阳膜的分类及各类型太阳膜的物理特性，选择太阳膜，为根据太阳膜物理特性制定施工工艺打下基础。

【任务分析】

太阳膜种类繁多，其物理特性决定其使用场合，贴装技巧。通过对膜的色泽、韧性、厚度及先进仪器的测试，判断其品质层次，为贴装打好基础。

【相关知识】

一、太阳膜的概念

在汽车玻璃表面粘贴的膜俗称为太阳膜，所以顾名思义，汽车贴膜都是为了对付夏季那火辣灼热的阳光以及紫外光。太阳光可分为 3%紫外线，44%可见光及 53%红外线。紫外线对人体的危害影响最大，包括引起白内障、皮肤癌，并且造成皮肤晒伤、老化。对汽车的影响包括皮椅、内装褪色。红外线是热辐射的因子，使车厢温度上升，塑胶材质乳化，让人感到不适、冷气负荷也跟着变大。想要隔绝紫外线及红外线，最好的办法就是贴隔热膜。高档汽车隔热防爆膜对红外线的阻隔率可达到 88%，对紫外线的阻隔率全部都达到 99%以上，逼走热气，使车主在烈日当空下也能舒适开车。

二、太阳膜的发展历程

第一种染色胶膜又称黑膜或塑料纸。

第二种耐磨膜比染色胶膜多了耐摩擦功能。

第三种单向高透光膜（单向高透光+高隔热+耐摩擦+不褪色）。

第四种防爆膜（防爆+单向高透光+高隔热+耐摩擦+不褪色）。

三、太阳膜的分类

汽车太阳膜按其成分的不同可大致分为四种。第一种叫染色纸，俗称黑纸、耐磨性较差、易褪色。第二种是反射铝，它通常是新车赠品，表面镀有高反射性的蒸发铝，缺点是易被氧化腐蚀。第三种是混合铝，即混合染色纸及反射铝，因采用双层粘合，具有中等的防晒效果。第四种是智能光谱选择膜，采用超级透明的高等聚合物，电感涂层和高压式胶膜粘合处理，具有很高的隔热和安全防爆效果。

四、太阳膜的隔热特性

根据 Volvo 汽车公司的研究，车内温度由 21℃提高到 27℃时，驾驶者高温下犯错的概率提高 50%，反应时间减缓 22%，车厢温度对驾驶者的精神状态有极大的影响。因此，良好的隔热措施配合车内空调动作，能有效降低驾驶者的疲劳程度，增加应变能力防止意外发生 。

通过真空喷镀或磁控溅射技术将铝、金、铜、银等金属制成多层致密的高隔热金属膜层。金属材料中的外壳层电子（自由电子）一般没有被原子核束缚，当被光波照射时，光波的电场使自由电子吸收了光的能量，而产生与光相同频率的振荡，此振荡又放出与原来光线相同频率的光，称为光的反射。金属的导电系数愈高，穿透深度愈浅，反射率愈高。这些金属层会选择性地将阳光中的各种热能源，包括红外线、紫外线及可见光热能反射回去，再配合膜上的颜色对太阳热辐射吸收后，再二次向外释放，随着车厢外的空气流动带走一部分热量。从而有效地起到隔热的作用。

智能光谱选择膜采用超级透明的高等聚合物，与一些贵金属（比如银和氧化铟）等共同作用，一个分子一个分子地溅射处理而成。生产该膜的多涂层磁控溅射场价值 2400 万美元。这样生产出来的薄膜具有极高的可见光透过率和良好的红外线与紫外线阻隔率，而那些使用陈旧工艺和便宜方法生产出来的仿制品是无法与之相比的。

智能光谱选择膜的特点：保证隔热性能优异的同时最大限度允许可见光透过；由贵金属多涂层溅射而成，反射而非吸收热量的特点，不会产生二次辐射的现象，如图 5-1-1 所示。

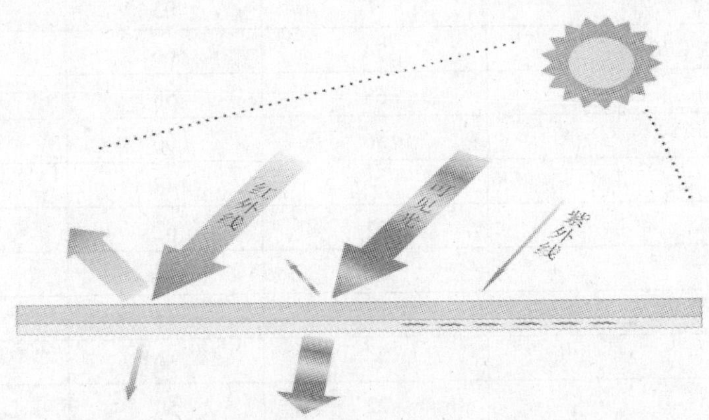

图 5-1-1　智能光谱选择太阳膜阻隔红外线与紫外线示意图

五、太阳膜的选择

选用太阳膜时，主要考虑的因素有：是否美观、是否经济以及是否能达到隐秘的效果。所谓美观，简单地说就是所用太阳膜与汽车漆面的颜色搭配是否协调，是否符合个人爱好。所谓经济，是因为各种太阳膜的价值差异比较大。如果选用混合铝的普通太阳膜，价位就比较低，性能很一般。如果选用智能光谱选择膜，价位高，隔热隔紫外线效果好。至于隐秘性，主要是由太阳膜的透光率决定的。一般来说，颜色较浅的太阳膜其透光率也较高，但隔热效果一般，反之则透光率较低，透光率高的隔热效果好。目前太阳膜里有一种高隔热率、高透视性的膜，是专门用来贴汽车前挡风玻璃的，其特殊制造工艺可以使颜色极浅的太阳膜具有极高的隔热、隔紫外线性能，既不影响行车视线，又能最大限度地降低车内温度，减少空调启动次数，降低油耗。适用于强挡风玻璃的太阳膜的性能和品质是最高的。

一般来讲，优质安全膜是光泽度好、透明度高、膜面光滑、无异味；质量较差的安全膜是光泽暗哑、表面粗糙、异味重。

【任务实施】

一、关于太阳膜清晰度的检测

无论膜的颜色深浅，优质膜在夜间应该可以清晰看见 6m 以外的物品，而劣质膜会有雾蒙蒙的感觉。

二、关于太阳膜透光性、隔红外线和隔紫外线的检测

太阳膜透光性、隔红外线和隔紫外线的检测需要使用专用检测仪器，例如德睿士太阳膜通过专用仪器检测其特性，性能如表 5-1-1 所列。

表 5-1-1　德睿士太阳膜性能参数表

德睿士太阳膜系列	透视率/%	隔热率/%	抗紫外线率/%
帝王至尊钻石 70	70	99	100
王者风范 V70	73	95	100
魅力至尊 CF22	14	93	100
魔幻大师 CF35	9	93	100
名门之秀原厂导航 C70	74	66	99
贵族经典私密 N70	68	58	99
极致风光 D70	56	60	85
钻石炭黑 CA08	1	48	99
自然幻影 CA01	31	62	100
灰色魔力 CA06	22	64	100
绿意盎然 CA15	13	45	100
经典深灰 CA12	6	50	99
蓝天卫士 CA17	22	50	99

三、关于太阳膜是金属膜还是染色膜的检测

检测方法是将太阳膜的保护膜撕开，用硬物去除太阳膜上的胶水，此时如果太阳膜变成透明颜色，说明太阳膜是染色膜，如果太阳膜颜色没有变化，说明太阳膜是金属膜。

四、关于太阳膜抗磨性检测

检测的方法是用钥匙在太阳膜的表面划一下，有印记的说明膜的抗磨性不好，没有印记的则膜的抗磨性好。

【知识链接】

汽车太阳膜的制造工艺

在各种厚度的、高透明的、坚韧的聚酯薄膜（聚酯薄膜是一种应用广泛的复合物质，具有持久性、极大的韧性、吸收很少水分并且耐高低温）上，通过涂层、夹层、染色和金属喷镀等一系列技术工艺，生产出汽车玻璃贴膜。这些薄膜可以利用其本身带有的粘胶安装在玻璃的表面或夹在玻璃中间或应用于光滑的非玻璃表面，从而提供特殊的保护性能。

使用的粘胶可以是永久性的、半永久性的或可除去的，此外粘胶还可以提供特殊的色彩或阳光过滤功能，制造工艺比较复杂。

一、检查原材料

每卷聚酯薄膜从进来的原材料开始进行全面彻底的检查，如图 5-1-2 所示。

图 5-1-2　对聚酯薄膜进行检查操作示意图

二、染色

聚酯薄膜本体可以被染成各种美丽夺目的色彩。染色膜不含金属成分，可以减少炫目强光和阻止褪色，还可以减少吸热引起的热量蓄积，如图 5-1-3 所示。

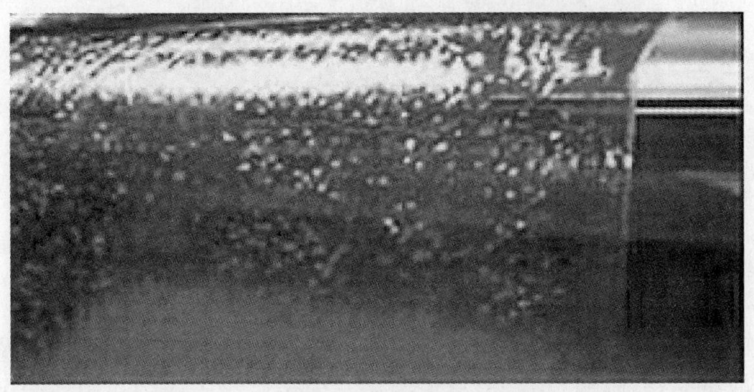

图 5-1-3　对聚酯薄膜进行染色操作示意图

三、喷涂紫外线吸收剂

透明或染色的聚酯薄膜被注入紫外线吸收剂，增加膜阻隔紫外线特性，如图 5-1-3 所示。

图 5-1-4　对聚酯薄膜进行喷涂紫外线吸收剂操作示意图

四、真空金属喷镀

正如玻璃一样，通过应用热蒸发（对于低熔化温度的纯金属而言）或溅射喷镀工艺，膜外可以镀上各种金属、合金或氧化涂层。真空喷镀工艺，如图 5-1-5 所示。通常用纯铝镀膜，并且可以制成不同可见光透过率和反射率的膜，使膜具有最佳的阳光控制性能。

图 5-1-5　对聚酯薄膜进行真空金属喷镀操作示意图

五、磁控溅射镀膜

真空溅射工艺通常在一个很大的真空室、压力很低的惰性气体环境中及电能作用下进行。各种金属或金属合成靶材被带电离子撞击，使金属原子成为自由粒子沉积在聚酯薄膜的表面，如图 5-1-6 所示。这就形成了膜的各种各样独特的稳定的色彩、高层次的透过率选择性以及最佳的阳光控制性能。

六、涂层和夹层合成

金属镀膜、磁控溅射膜、深层染色膜或高透明膜组合成一系列膜的结构，广泛应用于汽车、建筑、装饰和安全防爆等领域，如图 5-1-7 所示。

图 5-1-6 对聚酯薄膜进行磁控溅射镀膜操作示意图

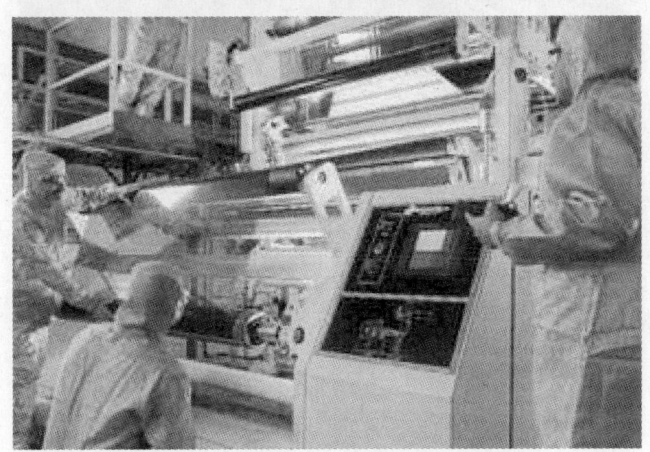

图 5-1-7 涂层和夹层合成操作示意图

七、分切和重卷

大卷膜被切割并重卷成小卷，如图 5-1-8 所示。

图 5-1-8 太阳膜分切和重卷操作示意图

八、装运

整卷膜包装后运往世界各地的代理商和经销商，如图 5-1-9 所示。

图 5-1-9　太阳膜存放示意图

【评价标准】

通过性能检测，综合分析太阳膜的清晰度、透光性、隔红外线、隔紫外线和耐磨性，判断太阳膜质量的优劣，为汽车选择适合的太阳膜。

【思考与练习题】

通过对不同种类、特性、用途的太阳膜性能和质量的检测，谈谈对太阳膜优劣判断的心得体会。

任务二　汽车原有太阳膜去除方法

【任务描述】

对于已经贴装了太阳膜的车辆，如果需要再次贴装太阳膜，首要的任务就是要将原车上的旧太阳膜除去，并将玻璃清洗干净。

【任务分析】

太阳膜在去除过程中，有的太阳膜由于自身特性或贴装时间过长，将其清除费时费力。一般采用的方法是将其大面积揭去后，再用刮板或是刀片清除残留太阳膜，最后将玻璃上残留的胶水清洗干净。

【任务实施】

（1）准备好施工工具，喷水壶、刮板、刀片、电筒、毛巾、清洁用钨丝团、塑料窗纱、柏油清洗剂、清洗液。

（2）用刀片或手指甲在原车车膜上起头，将膜大面积撕下。

（3）将内饰件用毛巾铺垫，向喷水壶灌注清洗液，喷在待清洗的表面上，用刮板和刀片配合手指甲将残留在玻璃上的膜去除。

（4）用手电筒检查玻璃，发现在玻璃上胶水残留，可以喷柏油清洗剂使用刮板、刀片小心去除，也可以使用清洁用钨丝团、塑料窗纱去除，一定要注意不能在玻璃上产生划痕。

（5）在玻璃上喷清洗液，反复清洗玻璃，做到一尘不染。

【知识链接】

太阳膜贴装过程中常用的工具及用途

1．塑料刮板（耐高温）

（1）烤膜预定型，大中小型板体均可；

（2）上膜赶水，压贴修边；

（3）小型板侧窗修边，解决大中型刮板处理不到的地方。

2．赶水胶刮

用于上膜挤赶水泡和水分。

3．玻璃清洁胶刮

用于玻璃清洁，防玻璃划伤。

4．烤枪

用于对太阳膜加热收缩预定型，温度可调试有高低两个挡位，

5．喷水壶

用于向玻璃或太阳膜喷洒润滑液和清水，为手动气压式。

6．剪刀

用于预定型前减去裁膜时多余的膜边部分，防玻璃划伤。

7．美工刀

用于太阳膜开料、定型时的裁切。

8．钢化平板

（1）用于将侧门窗底部密封条与玻璃隔开，便于上膜。

（2）将钢板端角加热后用来平复轻微折痕和贴平烤枪无法企及的地方。

9．直尺

用来裁膜台面太阳膜开料。

10．卷尺

用来度量玻璃大小尺寸，携带方便。

11．手电筒

前后挡定型裁切时车内的照明。

12．电源插座拖板

用于烤枪移动电源，电缆线径应对烤枪过载保护安全。

13．玻璃铲刀

用来铲刮玻璃上的污物。

【评价标准】

汽车玻璃干干净净、无污物和胶痕，便于贴膜施工。

【思考与练习题】

通过对汽车玻璃上原有太阳膜的去除训练，谈谈你的心得体会。

（1）如何在不使玻璃出现损伤的情况下，又快又好地去除玻璃上太阳膜的残余和胶痕？

（2）在清除太阳膜的残余和胶痕中，如何保护好后挡风玻璃上的加热丝，应采取哪些措施？

任务三　汽车侧窗玻璃太阳膜的贴装方法

【任务描述】

对于汽车侧窗玻璃太阳膜的贴装中，膜和玻璃间不需要烘烤定型，贴装时难度不大，认真细心是成败的关键。

【任务分析】

在汽车侧窗玻璃太阳膜的贴装中首先是进行玻璃的测量和打样，在裁膜台上套裁太阳膜，最后在汽车侧窗玻璃上贴装。

【任务实施】

施工人员的着装、工具的准备，不仅可以反映出施工单位的人员管理水平，同时还会对施工质量产生重要的影响。施工过程中。施工人员必须穿着统一的工装，并且将纽扣全部扣好，这样可以避免施工过程中出现划伤漆面以及衣服的纤维飞散到施工表面上等情况。工欲善其事，必先利其器。贴膜也不例外，需要准备的施工工具包括：刮水板、压力水壶、热风枪（功率、风速合适）、裁剪工具、吸水毛巾、荧光灯、胶带遮蔽膜和玻璃清洗剂等。

（1）学习使用汽车侧窗玻璃升降机，因为在贴装过程中需要将玻璃升降，如果操作不当将造成贴装失败，如图 5-3-1 所示。

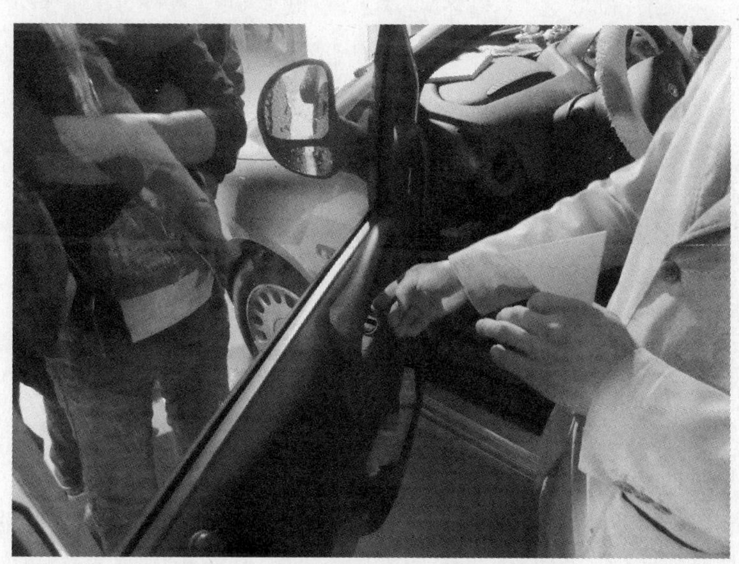

图 5-3-1　操作车窗玻璃升降机示意图

（2）用刮板测量一下侧窗玻璃压条的松紧程度，为后续工作做好准备，如图 5-3-2 所示。

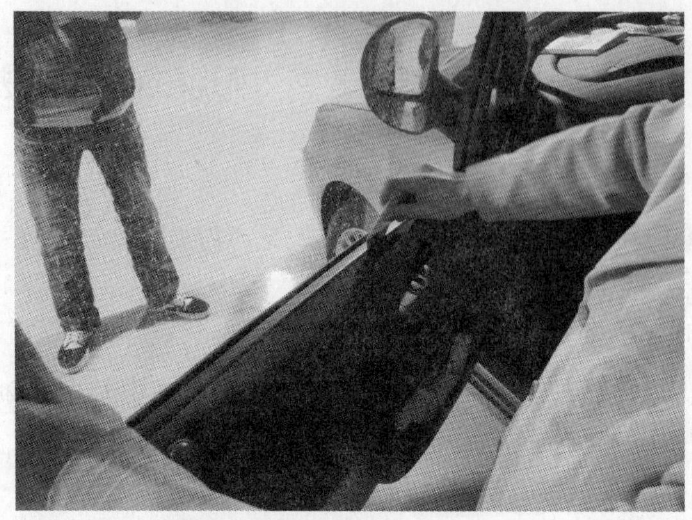

图 5-3-2　用刮板检测侧窗玻璃压条的松紧程度操作示意图

（3）将车身擦拭干净，首先在车间外用蜡扫将车身灰尘扫干净，然后进入施工车间，再用毛巾将车周边擦干净。检查车窗及车身是否有明显划痕，如有立即告知车主，进行贴膜前的施工保护，并提醒车主带走车上的贵重物品。

（4）把玻璃降下，用湿毛巾将胶边缝内的灰尘、污垢擦拭干净，再用专用工具及玻璃清洗剂清洗玻璃，必须清洗 3 遍以上，如图 5-3-3 所示。

图 5-3-3　车窗玻璃清洁操作示意图

车内的必要部位要进行遮盖，防止液体渗入，喷洒的清洗液以及润滑液影响到车载电子设备并且最大限度地保证车内装饰的初始状态，需要对车内的座椅以及仪表盘进行遮蔽。

配置好专业贴膜的清洗液和安装液，并用纯净水兑稀，使膜与玻璃达到最大粘结强度，不引起翘边、脱层的缺陷，达到长期的保质效果。

（5）使用辅膜（塑料纸）在玻璃上打样，如图 5-3-4 和图 5-3-5 所示。

图 5-3-4　辅膜（塑料纸）在玻璃上打样操作示意图

图 5-3-5　根据玻璃尺寸对辅膜进行裁剪示意图

（6）按照打出的样，套裁膜，裁膜是侧窗玻璃太阳膜贴装的关键，体现出技术人员的刀工。裁剪出符合车窗玻璃尺寸大小要求的膜，可以防止在膜贴装后出现漏光现象。两边和上方各预留 0.5cm，下方预留 1.5cm。在裁膜时，要注意太阳膜的角度和反正问题，太阳膜的刀口边缘一定要平齐，不要出现因刀口不利导致裁膜时出现的类似于锯齿状的现象。这样边缘很容易产生气泡和进入灰尘，如图 5-3-6 所示。

① 竖裁：膜便于收缩，当前挡玻璃宽度小于 76cm 时，比较省料。

② 横裁：膜不便于收缩，当前挡玻璃弧度相对比较小，玻璃宽度大于 76cm。

③ 裁料最好按样板来裁，省时省料（如 B5，赛欧，威驰）；根据样板裁膜，要看膜的反正面，保护膜在下，太阳膜在上，不能放反，以免把膜刮花。

图 5-3-6　在玻璃台面上用辅膜打样裁剪太阳膜操作示意图

（7）将车窗玻璃降下一点，把太阳膜的保护膜撕下，在太阳膜上喷上清洗液，再使用清洗液清洗挡风玻璃内侧，并喷洒足够的安装液，喷洒清洗液的目的是为了避免出现尘点并且减少边缘出现腐蚀的现象；而喷洒安装液的目的是为了获得定型所需的黏度以及更好的施工效果。将膜服帖地贴在玻璃上，确保位置正确，膜的上边缘与玻璃留下 1mm～2mm 的微间隙，将玻璃上半部分膜内的水分挤走。将车窗玻璃升上去，用手将膜的下半部分塞入玻璃压条中，最后使用刮水板将安装液挤出，在利用刮水板去除安装液的过程中，应该尽量刮掉隔热膜与车窗玻璃之间的安装液，这样就可以减少隔热膜的干燥时间，获得更好的粘接效果、整体性能以及视觉效果，如图 5-3-7 至图 5-3-11 所示。

图 5-3-7　将太阳膜保护膜撕开喷清洗液操作示意图

图 5-3-8　在车窗玻璃上均匀喷涂清洗液操作示意图

图 5-3-9　将太阳膜贴装在车窗玻璃上操作示意图

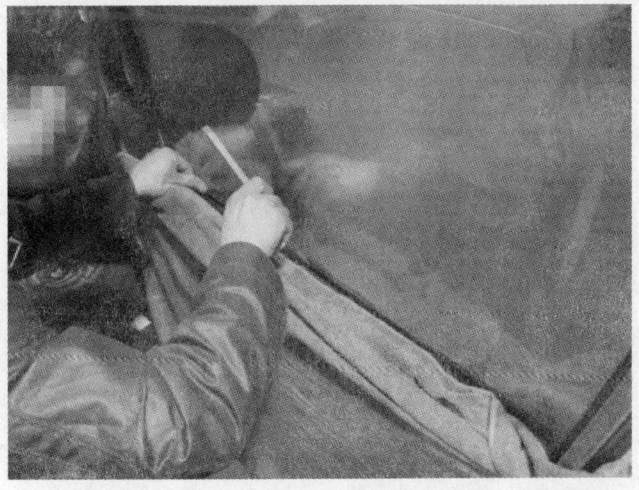

图 5-3-10　将太阳膜塞入玻璃压条内操作示意图

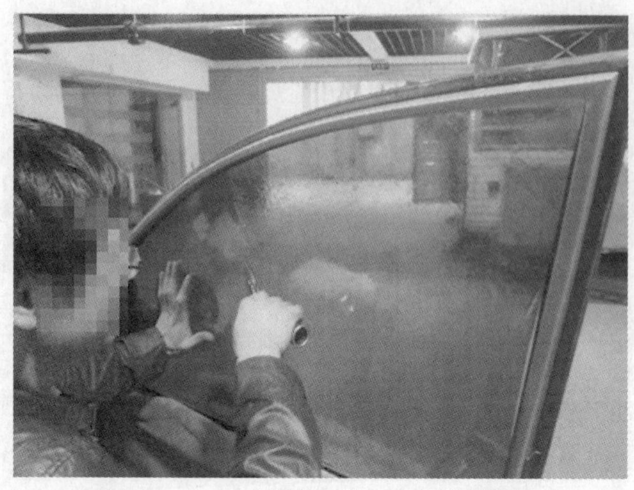

图 5-3-11　用刮板挤出清洗液操作示意图

【知识链接】

一、太阳膜贴装过程中的技术缺陷

（1）折痕，这是太阳膜施工中最不应该发生的一种低级错误。它从玻璃外部看来就像玻璃裂痕，它的存在就等于安装太阳膜的失败。

（2）气泡，它也是在太阳膜施工中常见的一种现象。但是如果在施工完后的几天后来处理，如再存在的话，也是一种技术上的不足而导致在玻璃外表看来甚至比折痕更难看的现象。

（3）刀口不齐，这是属于技术原因造成的，因为这是贴膜中的最基本功，所以一定要杜绝。

（4）不到位。基本上是技术原因造成的，表现为玻璃周边不到位，很明显能看出太阳膜的接口。但是一些特殊车型压条比较紧的情况下可适量而行。

（5）水迹，这是因为太阳膜在施工中因水没有排挤干净而留于太阳膜内的水点。在外表看来并不是很明显，但太阳膜干透后却不太好处理，更不美观。这一现象在太阳膜施工中一定要杜绝。

（6）杂质，这一现象是多年来在太阳膜施工中一直困扰工作人员的一件技术难题。杂质内包含麻点、毛丝、玻璃余留胶痕、玻璃加热丝变质，还有一些不明物体等等。但基本上有允许和不允许两个概念来定论。如果在太阳膜表面几乎看不出的情况下是允许的，但要是有很明显的麻点状或者弯曲的丝绒则不允许，这是技术水平不足造成的。

（7）划痕，是指由于技术原因或太阳膜质量低下而导致玻璃或太阳膜上的划伤，这种失误是没有办法处理的（一般是施工操作技巧上的不足）。

（8）施工不一致，基本上是工人在施工时配合不当所造成的。

二、贴膜时沙粒的来源

（1）水——有 70%以上的施工人员直接使用自来水，未经过滤或沉淀是不正确的，因为来自水管里有许多杂质或沙粒，有时更换水管管路时均会影响水质。因此，贴膜时所用的水一定要经过过滤或沉淀。

（2）灰尘——许多贴膜场所没有密封室，有些人在路边或其楼下贴膜，大小汽车呼啸而过扬起许多灰尘，有时风速较大时也有灰尘。因此，若没有密封室可用须关闭所有车门装贴。

（3）工作衣服——撕开太阳膜保护层时会产生大量静电，毛料衣服或是有棉絮的衣服就不适合在贴膜时穿着，因为衣服上的棉絮或羊毛会被静电吸到膜面。

（4）膜表面不干净——我们裁剪好的膜经常放置于汽车脚垫上、座椅上或放于车顶、发动机盖上，造成内外不干净，亦因静电关系撕开膜时附着在外表的灰尘亦会吸到膜表上面。因此，在未撕开保护膜时，必须洗净或表面喷一些水，可防止灰尘及沙粒。

（5）座椅或物体——同样是静电原因，有些椅套是兔毛、狐狸毛或棉絮太多，撕开膜时亦应注意，而且，撕开膜时勿太靠近物体，以免物体上灰尘被静电所吸。

（6）撕开膜时有人开门——玻璃洗好之后或撕开膜时不可让车外人员打开车门，有时用力开门会造成空气快速流通带入大量灰尘或颗粒。

（7）冷气风速过大——夏天是贴太阳膜旺季，大太阳下或车内气温非常高，在车内开冷气贴膜在所难免，但在撕保护层时冷气风速应减调到最低。待撕完保护层，贴上玻璃之后再开大风速，以免车内物品之灰尘到处快速飞动。

（8）喷水器底部不干净——使用喷水器时多数放在地上、脚垫上或椅套上，底部往往不干净，当撕保护层时，若喷水器在膜上方晃动，底部沙粒、小石头会掉在膜面上，当使用喷水器时，先擦净底部。

（9）手捏部分——撕开保护层后必须以两个指头去捏住膜面，手捏的部分会有指纹和沙粒，技巧在于能以控制膜为原则尽量捏少一点。

（10）刮水方式不正确——刮水清洗玻璃时有固定方式，若随便刮水，或刮水断断续续或不知收尾时都会带来沙粒。

（11）冲水——旁边或底部刮水器无法完全到达必须冲水，若用卫生膜清理时注意使用脱脂卫生膜才不会有灰尘。旧车或三角窗更应注意冲水，但顶部不可冲水，以免脏物随水下滑。

（12）注意车内物体——撕下保护层，喷过水后欲往玻璃贴膜过程中，有时会沾到像表板、方向盘、后视镜、椅套、玻璃框或顶篷、音响等部位，都会沾到赃物。

（13）勿大量移动位置——喷好水欲贴上玻璃时，定位准确，若贴上去之后发现位置差很多，再移动会沾到玻璃四周的物体，或橡皮及泥槽内沙粒。

（14）赶水方向——刚贴上去后下一个动作就是赶水，水可以由上往下赶，由右往左或由左往右赶，但不可将大量水由下往上赶，以免水往下流带动沙粒下来。

（15）勿再掀开——膜已贴上玻璃定位不再掀起，掀起次数越多，沙粒尘粒越多。

（16）玻璃清洗不干净——有些旧车拆旧换新，附着的灰尘应刮干净，任何标签、赃物应及时清理，否则技术再好都于事无补。

（17）水没推干——贴膜的最后一个动作是推水，一般业者八成以上无法将大部分水推出来。若遇冬天蒸发慢时往往一个半月还不干，我们将拆下的透明膜清洗之后再合上玻璃，以钢板将水挤干，此种方式不但不会刮伤、刮破膜面并且可以将膜上的沙粒由大到小，由小到无，把沙子挤到膜的胶里面，第二天便可摇动车门。

（18）空气带水抽入沙粒——旧车子四周泥槽内、橡皮内暗藏很多看不到的沙粒灰尘，贴上去之后有些玻璃弧度大，会有空气带水呈尖三角状，此时若不快速将水赶出，沙子会不断地抽进膜里。

（19）室内镜无法拆下时——此情形若是旧车很少有人会贴到完美无缺，尤其是粘着到松散时，沙子会更多，此时先用报膜或桌布盖好音响，将粘贴处四周刮干净，以水冲干净可防止多数沙粒，刮水方式亦应正确。

（20）车窗——清洗车窗时应先将车窗摇下来，才可清洗到顶端，刮完水，玻璃往上摇洒之后，下端不可再刮水。

【评价标准】

侧窗用膜的验收标准：

（1）检查每块玻璃有无明显的漏光现象。

（2）驾驶座两侧的贴膜应先整张装贴，从驾驶室看两侧后视镜有无遮挡视线的感觉，若存在这类现象，必须通知车主，并采取挖孔处理，孔型按照车主的要求做好精裁工作，务必边缘平滑。

（3）看车窗玻璃的上缘线是否与膜材的边缘保持基本平行，刀线是否平滑。

（4）有无较集中的沙砾夹在玻璃与膜材之间，有无气泡折痕。

【思考与练习题】

通过对侧窗玻璃太阳膜的贴装训练，谈谈你的心得体会。

（1）使用辅膜打样裁剪法，如何裁剪出符合侧窗玻璃尺寸的太阳膜？

（2）在裁剪过程中，如何确保裁剪边缘平直或曲线流畅？

（3）在清洗汽车玻璃的过程中，如何减少灰尘对玻璃的污染？

（4）在贴膜过程中，谈谈清洗液的作用和重要性？

（5）在侧窗太阳膜贴装过程中，如何保证施工质量？

任务四　汽车前后挡风玻璃太阳膜的贴装方法

【任务描述】

对于汽车前后挡风玻璃太阳膜的贴装中，膜和玻璃间需要烘烤定型，由于玻璃固定且面积较大，贴装时有难度，细致认真的执行每一条工序是成败的关键。

【任务分析】

在汽车前后挡风玻璃太阳膜的贴装中，首先是进行玻璃的测量，在裁膜台上裁太阳膜，通过烘烤太阳膜使其收缩完成热定型，在玻璃上进行裁膜去除多余部分，最后在汽车前后挡风玻璃上贴装。由于后挡风玻璃一般弧度比较大，热定型中难度比较大；由于贴装前挡风玻璃太阳膜的物理特性要求比较高，膜的厚度大，热定型也有不小的难度。

【任务实施】

（1）清洁、除尘的要求和汽车侧窗太阳膜贴装要求的工艺一样。挡风玻璃的内外都需要认真地清洁。

（2）用卷尺测量前后挡风玻璃的尺寸，裁膜时以样板四边为基准，各预留 2cm，如图 5-4-1 和图 5-4-2 所示。

图 5-4-1　将太阳膜贴服在前挡风玻璃上操作示意图

（3）在玻璃上覆上裁剪好的太阳膜，进行热定型，如图 5-4-3 和图 5-4-4 所示。

① 对太阳膜进行干烤整形（预收缩）。为了确保整形之后的隔热膜能够更加精确地贴合车窗玻璃的弧度，同时减少直接进行湿烤的过程中可能出现的各种问题，对隔热膜进行湿烤前首先进行干烤，以使隔热膜能够充分地预收缩。

② 利用玻璃清洗剂配合洗车泥对挡风玻璃外侧进行清洗并喷洒安装液。喷洒安装液的主要目的是为了在湿法烤膜的施工过程中，能够保证隔热膜可以更好地实现润滑移动。

图 5-4-2　用刀片小心的将多余太阳膜裁去操作示意图

图 5-4-3　前挡风玻璃太阳膜热定型操作示意图

图 5-4-4　后挡风玻璃太阳膜热定型操作示意图

③ 对隔热膜进行湿烤整形（服贴法）。隔热膜经过了前面的干烤整形操作之后，隔热膜的形状与挡风玻璃的弧度基本上已经吻合了，但是为了进一步提高隔热膜的服帖性，还

需要对隔热膜进行湿烤整形。

烤膜前的整形用牙咬开膜的边角，从而分清有保护膜的一面。把保护膜的一面朝上，并均衡地铺在玻璃上，裁掉多余的部分（以过玻璃黑边为标准）。从中间把膜向上下两边平均分开，两条宽边的气泡也一起向上下两边平均分开。用刮板把中间部分的水刮干，注意不要刮到气泡上，以防止把膜刮折，中间部分先刮水，作用在于定性，使太阳膜不会移动，且使膜的气泡平均向两长边分开，有利于烤膜。

烤膜把气泡分成大小差不多的等份。从易到难，从小气泡先烤，烤好小的气泡后，再把大的气泡分成小的来烤，烤膜时注意烤枪的温度及膜的受热程度，可用距离远近或速度快慢来调节温度。烤气泡时应使气泡受热均匀，膜边可适当把烤枪停留几秒，使膜边也收缩，才可以刮平。一边烤膜一边注意膜的收缩程度，当膜出现皱纹状收缩时，用刮板一刮到底，如果气泡太大没有把握时，可用手把膜抚平，再用刮板刮平。烤膜时，不能在一个气泡上停留时间太长，以免温度过高。当温度过高时轻则把膜烤焦，重则烤爆玻璃。这时不能往车玻璃上喷水，防止玻璃承受不了高温压力引发自爆。

（4）对完成整形的膜进行切割（修边）。

在对完成整形的隔热膜进行切割的过程中，需要一名施工人员在驾驶室内将荧光灯对准隔热膜切割的边缘，因为这样可以让车外人员确定切割施工位置更加方便，操作人员需要有很好的熟练程度，做到修剪出的边缘和挡风玻璃上的黑点走向距离保持一致，大致1mm，不能在玻璃上产生划痕。

（5）使用清洗液清洗挡风玻璃的内侧，并喷洒足够的安装液。

喷洒清洗液的目的是为了避免出现尘点并且减少边缘出现腐蚀的现象；而喷洒安装液的目的是为了获得定型所需的黏度以及更好的施工效果。

（6）去除膜上的透明保护层，将膜贴到挡风玻璃的内侧。

（7）使用刮水板将安装液挤出。

在利用刮水板去除安装液的过程中，应该尽量刮掉隔热膜与车窗玻璃之间的安装液，这样可以减少隔热膜的干燥时间，获得更好的粘接效果、整体性能以及视觉效果，如图5-4-5所示。

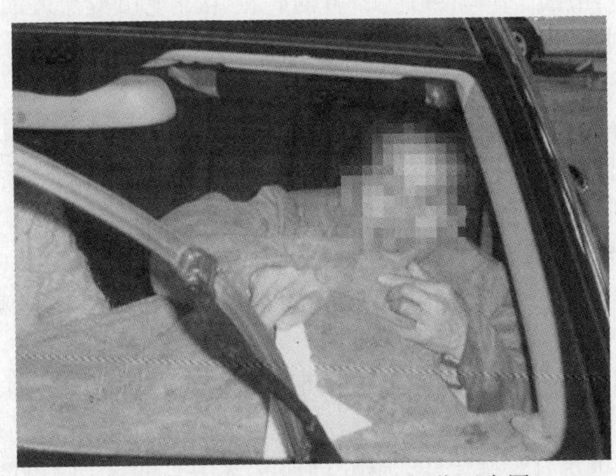

图5-4-5　挤干太阳膜内水分操作示意图

【知识链接】

一、太阳膜施工中最容易出现的十二大问题及其解决方法

1．前后挡边部位气泡难以收缩贴合

原因：膜边压陶瓷点裁切，然后在里面就难收贴气泡。

解决方法：在预定型后，精裁时沿着陶瓷点最小边进行裁切，然后在里面贴就很容易收贴气泡，特别是干胶更不能压陶瓷点裁切，不然就更难贴合，甚至导致整张膜报废。

2．后挡气泡的除雾线处难收贴合

原因：后挡有除雾线和陶瓷点相接，所以两边气泡难收贴合。

解决方法：预定型后，裁切时沿着陶瓷点最小处进行裁切，不能压点。然后在里面上膜时，请注意膜压除雾线的地方有气泡，故必须将气泡转移到两条除雾线之间的空白处，用烤枪再次收缩，对带除雾线金属线较凸起的车型的玻璃最好用干烤预定型。

3．烤膜后干胶保护膜难撕除

原因：膜在烤枪加温后，黏胶层起了黏性，粘住了保护膜。

解决方法：预定型后的干胶膜不能卷起放很久，要及时进行装贴（半小时内），干胶的施工条件及技术都比湿膜困难，所以要注意这方面的技术施工方是否能达到满意效果。

4．预定型时膜会起小白泡

原因：小折痕修复后，膜与保护层分离了，就起了小白泡。

解决方法：出现这种现象不用担心，因为不会因此影响贴膜后的质量效果。烤的时候应注意烤枪的出风温度不要高，烤枪的风口要离膜有一段距离，才可以达到预定效果。

5．膜难移动定位

原因：①清洁液的润滑度不够；②施工动作慢，玻璃表面温度高，水分干得快，所以就难移动定位。

解决方法：针对问题①在施工中，膜的移动定位最重要的是对清洁液的检查，有没有润滑度，润滑度的重要性就直接影响整张膜的施工，清洁液要按符合比例要求勾兑。针对问题②施工时要选择无尘施工房，不要选择高温场地施工，如果选择高温场地施工，水分就干得快无法定位。当施工不具备以上条件时，就用湿毛巾覆盖玻璃外部来降温。

6．烤膜看不到收缩

原因：膜被电镀过而收缩多次了，所以膜层就看不到收缩。

解决方法：这种膜要湿烤多少会看到轻微的收缩现象，慢慢地用刮板进行赶刮方可，绝对不能看不到明显收缩就用烤枪在一个地方烘烤很长时间，否则就会出现拉纵的现象，这种膜需要拥有较高技术的熟练技术人员进行张贴方可达到效果。

7．侧窗玻璃边角有气泡、毛点和沙粒

原因：①没有美纹纸包住毛边，导致毛边的粘毛粘到了玻璃上②清洁液没有检查是否有沙粒，定期清洁干净喷壶及水源过滤。

解决方法：针对问题①像“帕萨特”、“奥迪”这些边框是毛边的，请用美纹纸把毛边封住，让毛边与玻璃隔离，从而施工就达到了理想的效果；有毛边的玻璃框的车辆，亦可用硬毛刷刷掉浮毛，用水打湿来除尘。针对问题②水中与沙粒，就可能导致玻璃脚有沙点，

所以在给水壶里装水时，请用专业的滤沙器进行滤沙，这样贴膜上车就很少会有气泡，从而达到无尘的效果。

8．膜层较厚硬的膜不好烤

原因：技术上的问题，手势和技法运用不当，造成对膜层较厚的膜不好烤。

解决方法：膜层的厚度不会影响您的施工，只要技术人员对膜的收缩方式加深了解，方法运用加强，就可以达到好的效果，最好选用干烤。

9．膜较软薄容易出现小折痕

原因：温度过高，导致刮板一刮就出现小折痕。

解决方法：膜层软施工中容易折，注意施工中烤枪的温度不能太高，膜本身收缩到位，一刮就不容易出现折痕，膜软就选用干烤法，施工方便安全。

10．膜软了，不好贴进侧窗底部密封条玻璃里面

原因：①膜软了，运用钢化平板不当，造成膜不好嵌入密封条的玻璃里。②润滑液不足，会造成膜不能移动到压条里去。

解决方法：针对问题①膜的厚、软和贴不好、贴不进去没什么关系，而是因为技师在施工过程中运用的铁板不到位，造成膜进不到封条里面去。应先将膜的两边掀起，贴在玻璃的左右下角，用钢化平板刮将密封条与玻璃隔开，用手慢慢地把气泡向下压，就可以看到气泡消失，然后将膜赶刮就可以了。有的车型的密封条很紧，照此方法完全可以把膜贴进去（如以下车型：富康、帕萨特、宝马等车型）。针对问题②压条紧的车型尤为注意水分的润滑，如果紧的压条贴膜就会需要时间长一点，所以润滑液不够就会导致不能贴进压条里面，从而使膜报废，因此润滑液的使用尤为重要。

11．贴侧窗时干胶膜很容易就移动错位

原因；润滑液放太多，造成滑动太多就错位了，难定位，容易卷起。

解决问题：在施工干胶膜时要注意润滑液的配对，因为干胶与湿胶不同，湿胶加水黏性很强，很好移动定位；而干胶遇水则需要一定的时间，所以在施工时，加少量润滑液，对移动定位效果很好。

12．下料不准确

原因：对车窗玻璃不熟悉，没有固定的样板。

解决方法：有些技师习惯将太阳膜裁大一点，然后在外边线裁，对于车玻璃不同的车型，放边是不一样的，常规车型上下多出 2cm，左右要多出 0.5cm～1cm，而帕萨特等车型左右要少出 5cm，当接触到新的车型有失误时，须留下样板，避免下次失误。

二、施工后出现的问题

1．前挡上膜挤水漏刮有水印

原因：①用力不均匀导致漏刮，出现水印；②工具选用不当，就会出现漏刮，有水印现象。

解决方法：针对问题①施工前挡前时，挤水顺序尤为重要，刮与刮之间的接缝处要接好，不能漏刮，反复几次前挡的水分就会有大部分被刮走，小部分就在贴车后几天内完全干透，干透后就不会出现水印。针对问题②大部分施工者都不会在意工具的齐全与适当与否，所以施工时就会出现大量的水印。因此，在施工时，请选用挤水专用工具，就会使你的施工效果好，工作时间快，避免膜被刮伤和出现水印等问题。

2．玻璃弧度不大但膜贴上去几天后会自爆

原因：①施工的技术方法没掌握好，几天后会自爆；②玻璃自身质量问题，施工后几天会自爆。

解决方法：针对问题①现有几款车的玻璃都会出现贴车几天后自爆，如果选定了这种玻璃最好运用干吹，或会提高安全性，注意如“波罗”、“奇瑞”、“富康”等车型给太阳膜定型时对玻璃加过热，当外部温度较低时会对玻璃造成内表温度相差太大从而造成玻璃破碎。针对问题②对于来贴膜的车在施工前，要由有经验的技术人员对玻璃进行一个判断，是否为玻璃本身的质量问题。如“风云”、“波罗”、“威驰”等车型。

3．膜贴上玻璃后边部会自动翘起

原因：①因为玻璃曲面太大，造成贴膜几天后会翘起；②曲面大，预定型边角处可能还有气泡，也会几天后翘起。

解决方法：针对问题①玻璃曲面大，就会造成施工难度大，预定型后，到车里贴的时候可能是贴合了，但几天后会翘起，像以上情况用软布把外沿边处挤压，就可以防止几天后翘起。②曲面大，可能会把膜烤到极点，都不能收贴合。然而有少量气泡在车里贴合时就可能难收贴合，几天后会翘起，像这种现象用钢化平板刮加热后收贴合气泡，效果会很好。

【评价标准】

一、贴前挡专用膜的验收标准

前挡风玻璃是车辆的最主要视窗，贴膜手工的水平高低以及专用膜的品质好坏直接影响车主的视线及驾驶安全，所以验收时一定要小心。

（1）整张安装，不能拼凑。

（2）不能有气泡、折痕（以雨刮有效使用范围为准）。

（3）水必须刮干净（从玻璃的左右两侧分别观察，可以看得很清楚）。

（4）坐在驾驶位，透过前挡风玻璃看车外的景物不存在模糊、色差现象。

（5）查看前挡风玻璃有没有强烈的反光现象（外侧）。

（6）膜材的边缘是否粘贴完好，无起边的现象。

（7）膜材的边缘与玻璃的小黑点连接，检查是否平滑，有无明显的凹凸不平的感觉。

二、后挡风玻璃用膜的验收标准

（1）当有金属加热线及天线夹在玻璃内侧的情况下时，不得整张贴，必须拼贴，以免长时间加热影响其使用寿命。

（2）拼接时刀法必须精确，不得出现两次以上未对齐的现象。

（3）最下沿的膜材粘接必须仔细检查，不得出现残留水夹在膜材与玻璃之间，尤其是“别克”车系。

（4）不得有密集的沙点及气泡。

【思考与练习题】

通过对前挡风玻璃太阳膜的贴装训练，谈谈你的心得体会。

（1）如何确定前挡风玻璃尺寸，裁剪太阳膜？

（2）如何对太阳膜进行烘烤定型？

（3）如何对烘烤定型后的太阳膜进行修边处理？

（4）在贴装过程中，如何挤出安装液？

（5）在前挡风玻璃太阳膜贴装过程中，如何保证施工质量？

项目六 汽车内饰翻新与改装

【项目描述】

汽车内饰随着汽车使用时间的增长，会出现内饰件褪色、磨损、划伤，有的塑料件个别出现老化现象，影响到汽车内饰的美观。特别是一些高档轿车车身、发动机、底盘技术状况良好，仅仅是内饰件有点陈旧，此时将内饰进行翻新施工，如同给旧房子进行装潢一样，使得整个车辆焕然一新。还有的车主对于原车的内饰装潢不满意，希望有更加个性化的要求，例如更换内饰的色系、换装碳素纤维的方向盘，方向盘和内饰包真皮，增加桃木内饰件等等，通过对汽车内饰的改装施工，这些要求都能达到。

【知识目标】

内饰改装中各化学药剂的使用及劳动防护。

【技能目标】

掌握汽车顶篷内饰的更换；仪表台内饰翻新；玻璃钢倒模与汽车门板个性化改装，桃木内饰设计制作。

任务一　汽车顶篷内饰的更换

【任务描述】

一般欧洲车型到了一定的年份就会有内饰或表面老化的情况，特别是内车顶饰布，经常干洗或清洗会导致里面的海绵容易发酵老化坠落。通过将顶篷拆卸下来，按照顶篷的尺寸更换顶篷布，再将顶篷安装好，翻新之后可以达到原装的效果。

【任务分析】

拆卸顶篷时要考虑到拆卸顺序和方法，不能使其他内饰件发生损坏。安装顶篷时要注意安装后的间隙，保证美观，同时要考虑到顶篷的隔音问题。

【任务实施】

（1）首先把顶篷边缘的密封条揭下来，如图 6-1-1 所示。

图 6-1-1　顶篷边缘的密封条位置示意图

（2）拆卸下固定螺钉，取下遮阳板，如图 6-1-2 所示。

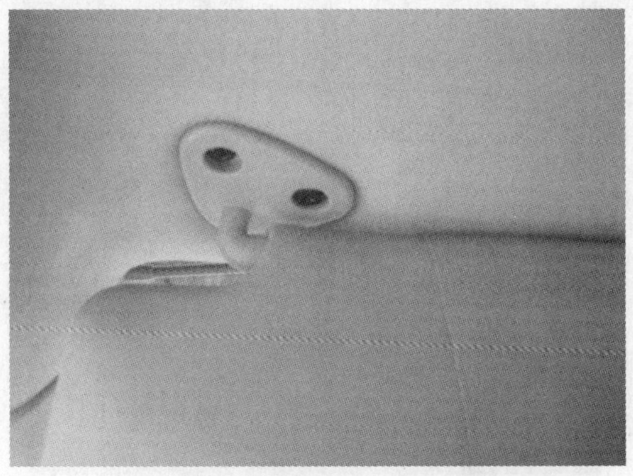

图 6-1-2　遮阳板固定位置示意图

（3）卸下副驾驶和后门的把手，掀开卡座就能看到螺钉，如图 6-1-3 所示。

图 6-1-3　副驾驶和后门的把手固定位置示意图

（4）后座的阅读灯用改锥起下灯罩，卸掉下方的螺钉，如图 6-1-4 所示。

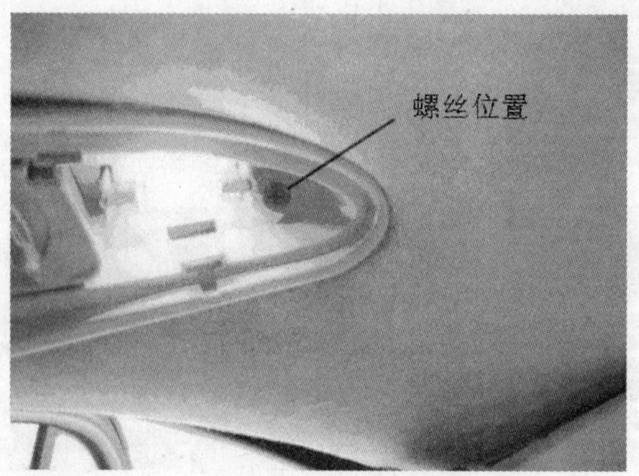

图 6-1-4　后座的阅读灯固定位置示意图

（5）ABC 柱从上端用改锥翘开一定的角度。翘开 B 柱时注意下面还有一个固定顶篷的卡扣，如图 6-1-5 所示。

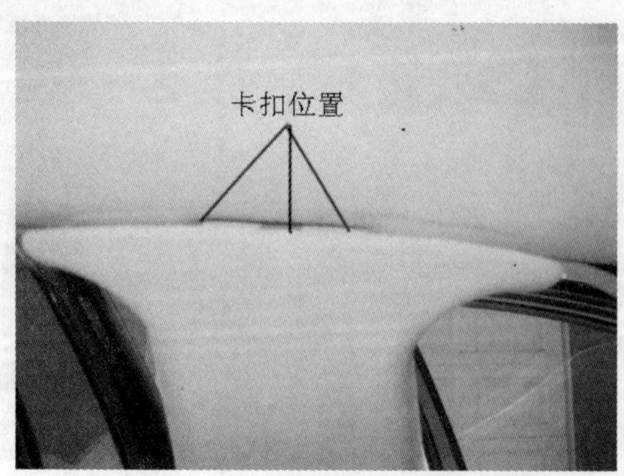

图 6-1-5　固定顶篷的卡扣位置示意图

（6）顶篷上可以明显见到的6个卡扣，卸掉，如图6-1-6所示。

图6-1-6　顶篷上卡扣位置示意图

（7）将整个顶篷取下来，车顶篷覆有5mm左右厚的的毡垫，用双面胶粘在顶篷上，拆卸下顶篷后车顶如图6-1-7所示。

图6-1-7　拆卸下顶篷后车顶示意图

（8）把顶篷上面的旧绒全部撕掉，用砂子把底子处理干净。

（9）用烤枪将变型的位置烤软，再用手将变形位置矫正。

（10）用锯木灰加502胶定形，再用玻璃钢进行加固，再在顶篷和泡沫的上面刷上303胶，待干5min后，互相粘和在一起，用手拍打挤压，用磨灰机打磨，直到平整为止。如果是大范围的破损或凹凸不平的位置，就把整个顶篷铺上一层顶篷泡沫再打平；如果破损范围小，就在破损处粘上泡沫，再用砂子打磨直到填平为止，如图6-1-8所示。

（11）把绒布裁好，胶要刷均匀，几分钟就可以包了，用吹风机边吹边包，先从中间包起，然后再包两边，来回多按两次，直到胶干。

（12）按照拆卸的相反顺序，细致认真地安装好顶篷及附件。

图 6-1-8　对顶篷加工操作示意图

【评价标准】

顶篷和绒布平整，内饰安装可靠，间隙一致。

【思考与练习题】

通过对汽车顶篷内饰的更换训练，谈谈你的心得体会。

总结汽车顶篷内饰更换的施工流程和注意事项。

任务二　仪表台内饰翻新

【任务描述】

仪表台表面长期受到太阳光照射会出现老化褪色的情况，有的在经常干洗或清洗的情况下会出现部分颜色褪色。通过将仪表拆卸下来，包真皮的方法来翻新，翻新之后可以达到原装效果。

【任务分析】

仪表台内饰翻新有两部分内容，一是修整仪表台，二是包裹真皮美化效果。

【任务实施】

（1）拆掉风管风口以及仪表台上的附件。

（2）用塑料枪或烤枪加热，把变形的位置烤软矫正。然后用电烙铁焊接定形，如有残缺位置用 ABS 塑料板修补，再用 ABS 塑料条进行焊接加固。

（3）用刀片将破损的皮割掉，破损的周边和位置涂上 502 胶水，干后用 60 号砂纸打磨，再刮原子灰，再用 60 号砂纸打磨，直到平滑为止。

（4）用处理水将表台整个擦一遍待干。先将皮裁好，再用处理水将皮和仪表台整个刷一遍，待干 1h，气温低的地方则多干 1h。

（5）将树脂胶加入 30%的稀料，再加入 5%进口固化剂搅匀，把皮和仪表台用毛刷整个刷一遍胶，待干 1h，刷两遍胶效果更好，夏季干 1h，冬季干 20min 左右。

（6）用 500 号砂纸将仪表台和皮的表面上轻轻打磨一遍，去掉残留在仪表台和皮上面的毛和杂物，将其处理掉，把皮覆盖在表台上，将其摆正，再从表台中间弧度较大位置开始下手。包好后整个用烤灯烤一遍用力按压。现在皮的颜色很多，可根据客户自己的喜好要求任其挑选，可调塑料漆上色。

如果原车不是包皮内饰，可以先修复平整后，直接喷涂塑料漆，如图 6-2-1 所示。

图 6-2-1　在仪表台上喷涂塑料漆操作示意图

【评价标准】

仪表台光滑平整，色泽一致。

【思考与练习题】

通过对仪表台内饰翻新训练，谈谈你的心得体会。

总结仪表台内饰翻新的施工流程和注意事项。

任务三　玻璃钢倒模与汽车门板个性化改装

【任务描述】

玻璃钢倒模是为了产生新的造型，这是汽车内饰个性化改装的基础，通过给门板塑造形状，加装电子设备（主要是汽车音响部件），最后通过喷枪或是包裹真皮来美化外观。

【任务分析】

玻璃钢倒模要注意过程中各试剂材料的配比，使用复合板和塑料胶进行定位，最后灌注玻璃钢原料，成型。

【任务实施】

（1）要多少英寸喇叭就做多大圆圈（用木工专用打圆加工机加工 1cm 厚度左右的复合板）。

（2）要做多高就用木条把圆圈撑起来，用塑料枪上下固定。

（3）用喇叭布或拉布把整个框架包起来，像立柱或门板有些地方可以拉到反面四个面都要拉得很紧，用塑料枪固定。

（4）先放玻璃钢树脂，再加 1.5%固苯，加 1.5%促进剂，再把原子灰调好，全部加到一起调均匀，用毛刷整个刷两遍，待干。再把多的地方和装喇叭的口子用刀片割掉，在里面加上一层纤维丝刷玻璃钢，加固。

（5）用砂子打磨，刮原子灰再打磨，如果是包真皮，前后打磨都可以用 60 号粗砂子。

【评价标准】

造型美观，配方材料选取正确，表面光滑。

【思考与练习题】

通过对玻璃钢倒模与汽车门板个性化改装训练，谈谈你的心得体会。

总结玻璃钢倒模与汽车门板个性化改装的施工流程和注意事项。

任务四　桃木内饰设计制作

【任务描述】

高档轿车桃木贴片装饰是身份和地位的象征，桃木内饰时间用长了会出现褪色和老化的情况，此时可以拆卸下贴片，重新设计制作桃木纹式。

【任务分析】

对桃木纹式的设计制作火候分寸的掌握非常关键，桃木纹是通过化学反应扩散值，产生纹理效果，在施工过程中对刺激性气体要注意劳动防护。

【任务实施】

（1）拆下的桃木内饰件如有断裂或残缺位置，断裂的就用塑料条焊接，残缺的就用ABS板修补，有些桃本表面清漆裂了，用砂轮机打开一条口子，涂上502胶用砂纸打平。

（2）在伤痕上刮上原子灰，用砂纸打平打光然后刮上填眼灰，再整个打磨一遍。

（3）在塑料上做桃木，先刷PP水，再喷上塑料漆，把底漆调成接近的桃木颜色，待干。

（4）夏天用冷水，冬天用温水。裁好桃木膜后，反面向上，平铺在水面上，等桃木膜平铺散平时，很均匀地喷上雾化水，等几秒钟，桃木膜慢慢散平、散开时，拿上要印的桃木成45°斜角往下印，印好后拿起来，放在另一个冷水箱里冷却半小时后再用力摆几下（冬天和夏天都用冷水），把下面那层浮油洗掉，待干，如图6-4-1至图6-4-4所示。

图6-4-1　将桃木纹平铺散平在水池操作示意图

（5）喷上清漆，之后用1000号砂纸整个打磨一遍。

（6）没有印到的地方，用毛笔蘸上雾化水，在桃木膜上蘸点桃木颜色，描在印好的地方，描好后再喷上清漆，再放进烤箱内烘干。

（7）抛光打蜡。

图 6-4-2　喷雾化水操作示意图

图 6-4-3　将内饰件放在桃木片操作示意图

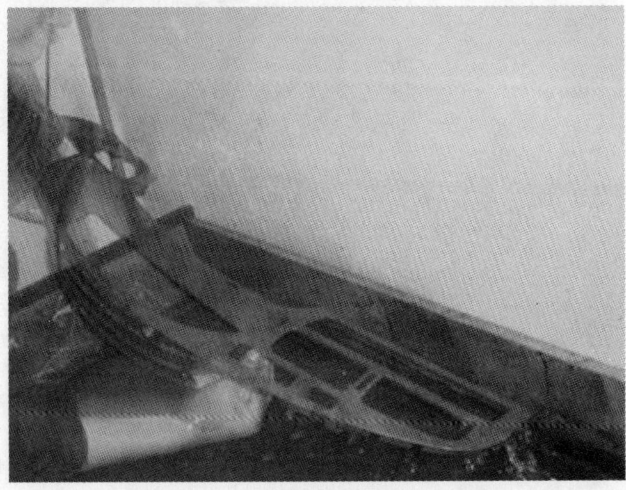

图 6-4-4　将桃木件拿起操作示意图

【评价标准】

桃木纹理美观自然，覆盖均匀，清漆喷涂均匀、可靠。

【思考与练习题】

通过对桃木内饰设计制作训练，谈谈心得体会。

（1）总结玻璃钢倒模与汽车门板个性化改装的施工流程和注意事项。

（2）桃木纹理的产生、分散剂的喷射和施工时机的把握有什么联系？

参考文献

[1] 宋孟辉，孙涛. 汽车美容与装饰[M]. 北京：机械工业出版社，2010.
[2] 杨光明，魏金营. 汽车美容一本通[M]. 合肥：安徽科学技术出版社，2009.
[3] 钱岳明，汽车装潢与美容技术[M]. 北京：人民交通出版社，2008.
[4] 甘文嘉，现代汽车美容与装潢[M]. 上海：上海交通大学出版社，2002.
[5] 姚时俊，杨明.汽车装饰[M]. 北京：人民交通出版社，2003.
[6] 张德金，汽车装饰美容实用手册[M]. 北京：机械工业出版社，2004.
[7] 杨江河，汽车美容[M]. 北京：机械工业出版社，2001.
[8] 杨宏进，邢忠义. 汽车美容与装饰实务（第 2 版）[M]. 北京：电子工业出版社，2009.